生涯現役が贈る人生の道標《みちしるべ》

島田 恒

企業・コンサル・大学・NPOの
現場を生きた85歳

キリスト新聞社

生涯現役が贈る人生の道標　企業・コンサル・大学・NPOの現場を生きた85歳

目次

はじめに　……………… 9
第1章　人生二毛作――著者の自分史から　… 12
戦争中の暗い記憶／戦後の厳しい記憶／中高そして大学へ／大学時代の歩み／就職――会社人間への出発／勉強嫌いの転機／処女出版『日本的経営の再出発』刊行／独立への決断／コンサル業スタート／研究者への道／研究の深みへ／人生二毛作からの学び
第1章まとめ　…………… 37

第2章　私たちは今どこにいるのか
——経済と政治を中心に　……　39
社会の構成——四つの領域
第1節　経済を巡って　…………　41
戦後から現在までのわが国経済の足取り／日本的経営の特徴／日本的経営の現場から——居酒屋を覗く／インフォーマル・グループの存在は重要／日本的経営という強みが支えた経済成長／わが国社会へのマイナス影響——「あまりにも経済」／日本的経営の問題点／わが国経済の長期停滞／市場経済一色の世界へ／市場経済の誕生と問題——パックス・ブリタニカ／市場主義の修正と拡大——パックス・アメリカーナ／世

界経済の分断／世界は経済にどう向き合うべきか／わが国は経済にどう向き合うべきか――停滞の実態と問題／わが国経済が進むべき方向への試案

第2節　政治を巡って……………………78

第二次世界大戦後の国際関係――戦勝国と敗戦国／東西冷戦に伴う朝鮮戦争／東西冷戦に伴う代理戦争／社会主義国家の計画経済の限界と市場経済化／西側の勝利とアメリカ一強の世界／グローバリゼーションの浸透／中国の発展／グローバルサウスの台頭／人類の危機的状況／世界の政治的課題への対処――国際連合／国際連合の問題点／国際連合への期待／日本の政治／官民協働による経済発展／経済政策の問題点と

政治的課題／金融と財政／生活水準／教育／日本国憲法と平和主義／日本の防衛力強化とアメリカとの連携／わが国の立ち位置と課題――平和主義に基づく外交／文化・共同組織へのサポート
第2章まとめ………………107

第3章　ホントウの豊かさを求めて
――文化と共同、そして人生……110
第1節　非営利組織の働き………110
文化と共同／「心の習慣」／YMCA／わが国におけるYMCA活動／ミッションが命／淀川キリスト教病院の「全人医療」／日本キリスト教海外医療協力会（JOCS）の「みん

なで生きるために」／メイク・ア・ウィッシュの「難病の子どもの夢を叶える」／メイク・ア・ウィッシュの大野さん／共同の領域／ボランティアの風景／ボランティアって何だ／企業の失敗・政府の失敗、そして非営利組織の失敗／「社会的企業」――スワンベーカリーの場合

第2節　豊かな人生のために――おひとり様1回限り　・・134

非営利組織からの学び／幸福度世界ランキング／「満足を目指す欲求」の研究／人間って何だ／責任を回避する人間の現実／自由からの逃走／逃走の受け皿――日本的経営／to Have と to Be／『それでも人生にイエスと言う』（1993年）／人生のタテ軸／人生のヨコ軸／創業経営者の事例／星

野富弘の場合／人生のハーフタイム／隣人と共に生きる／宗教からのインパクト／「タテ軸」としての宗教／「生涯現役」からの勧め
第3章まとめ　・・・・・・・・・・・・・・・・・　167

はじめに

男性平均寿命を超えて85歳を迎え、さまざまな人生の歩みを顧みる機会が与えられた。大学同窓会誌に投稿した「人生二毛作」が皆さまから予想外の反響をいただき、幼少からの経験から今日に至るまで少し深みに降り立って考えることになった。心身の健康のためには、食事・睡眠・運動、そして社会活動が大切といわれるが、幸い高齢を迎えた今もその機会に恵まれ元気に歩むことができている。ゴルフプレー（下手の横好き）、スポーツ観戦など、ありふれた趣味を楽しんでいる。

目を見張ることができたわけではなく、大金を稼いだ、大事業を起こしたという訳でもなかったが、若いときから人生の意味を問い、「人間とは何か」「人間は——そして私は——どう生きるべきか」「社会とは何か」「社会はどうあるべきか」などの思いを持ち続けてきた。その思いを切らさないようにしつつ、フツウに大学を卒業し、フツウに20年余企業で働いた歩みであった。しかしそれが反ってフツウの方々にも共感いただけることがあるのではないか、そして思い切って転身し研究・教育・実践に舵を切った経験も、少しワクワク感をもって一緒に共有できるのではないかと新著上梓を思い立った。

その構想の下に、自分史から始め（第1章）、自分が専門として研究し現場で実践してきた経済経営の今、そして政治の世界の今に踏み込み、その現実を大括りに理解をいただいた上でその方向付けを試みた（第2章）。

一人ひとりの生き方や社会があってほしい姿を問うとすれば、そこに価値観が問われる。筆者が「タテ軸」と称するもので、その信念が基盤に座らなければならない。社会における働きとして、主に筆者も関わりのあった非営利組織の紹介を通し、特有のミッション（使命）と人のつながりを強調した。その非営利組織に重ね合わせながら人間の現実を問い、基盤となる個々のミッションとつながりの世界を「真の豊かさ」に向かう方向、あるいはギアチェンジとして提唱しようとした（第3章）。

人生の歩みのあらゆる場面において一貫して持ち続けようとした問いと実践の記述が、いささかの学びや刺戟につなげていただければ筆者のよろこびである。自らの歩みが、多くの方々に支えられ学びや刺戟をいただいてきたことがこの著書につながったことに感謝したい。

第1章　人生二毛作――著者の自分史から

個人には一人ひとりの人生行路があり、それぞれに大切なものが秘められている。金子みすずが言うように「みんな違ってみんないい」も真実であろう。同時にそれぞれの人生から共有できるもの、刺戟を受けることができるものも発見できると考える。著者の自分史も個別のものであってみんなのモデルになるようなカッコイイものではないかもしれないが、著者にとって本著の原点ともいえるものが秘められているかもしれない。そこから始めることにしよう。

戦争中の暗い記憶

もの心がついた最初の記憶は、戦時下における恐怖だった。「空襲警報発令！空襲警報発令！」の放送を聞くや、電灯から光が漏れないよう黒幕を被せ、庭に出て防空壕に逃げまどうのであった。防空壕といっても高さ1ｍくらいに掘られた穴倉、上に木材とむしろを敷き土で覆っただけのもの、水が染み出た暗い避難場所であった。上空には米軍B29が飛び、神戸の軍需工場を攻撃して余った焼夷弾を遠慮会釈なく投下するのであった。市内にも設けられた高射砲はB29には届かず、悠々と飛行する姿が見られた。わが家にも投下された焼夷弾、六角形の1m足らずの横長で地上に落下した衝撃で両方の蓋が飛び猛烈な火炎が噴射する仕組みであった。

防空壕など直接落下点になればひとたまりもなく破壊される、恐怖に震えが止まらない悲惨な戦時の思い出であった。戦争は怖い、戦争はイヤ、小さい時の恐怖は今も戦争反対の実感を植え付けるものとなった。召集を受けた若者が、わが家の角を曲がり家族や近隣の人たちの軍歌とともに出征していく思い出も忘れられない。間を置かず、南方に送られ戦死、木箱に入れられて英雄と称えられて戻ってくる現実があった。

戦前・戦中のわが国、「鬼畜米英」を掲げ一億玉砕の覚悟を国民の心に刷り込み、現在左寄りといわれる朝日新聞までが戦争をあおり立て、反対する者には非国民のレッテルを張り、投獄や拷問も恐れなければならない状況であった。独裁国家の通例であり、同時に流れに流されやすい日本人の特性が国を挙げての戦争一色を現実のものとしたのであった。

戦後の厳しい記憶

1945年日本、連合国に無条件降伏、社会は一変した。戦勝国としてジープを乗り回し、チョコレートやガムを投げそこに群がる子どもたち、春を売る女性、一方で軍国主義が終わりアメリカ流民主主義の導入、宣教師が主導するキリスト教ブームも到来した。

終戦の翌年、私は小学校に入学した。国語教科書も変わった。「進め。進め。兵隊進め」の類が「咲いた咲いた、桜が咲いた」の類に変わったのであった。戦前戦中の軍国主義的な表現は、印刷が間に合わないので墨で塗りつぶされていた。私の初等教育は幸いにも平和な教科書から始まったのであった。自分もそのなかに含まれる1935~46年生まれは「焼け跡世代」と呼ばれるらしい。

食糧事情は全く厳しく、芋のつる、トウモロコシが供された。白米などトテモトテモ、小学校中学年になって誕生日のご馳走が米半分・麦半分、どんぶり一杯限り。その上に卵が一個載せてあるのが稀なお祝い食であった。小学校で給食が出るようになって、記憶にあるのはコッペパンにアルミ食器で与えられる脱脂粉乳、これは臭いがきつく飲むときには鼻の息を止めて飲んだものである。

シラミが流行り、藤棚の下で一人ずつＤＤＴを頭にかけられた。今なら公害お断りの薬品である。白いＤＤＴの粉末がみなぎっていたのが記憶に残っている。

そんな厳しい状況のなか、凄い情報が流れてきた。近隣のキリスト教会のクリスマスに参加すればチョコレートが貰えるという情報であった。チョコレートなど夢のまた夢、それが目当てで教会の子どももクリスマスに参加、いきなりのイエスの聖誕劇である。マリア、ヨセフなど主役は欠かさず教会に通っている子どもの役割、チョコレート目当てでポット出の自分に与えられた役は、イエスの誕生を告げられる羊飼い。頭に白いターバンが与えられ、何のセリフもなく焚火の周りに座っているだけのものだった。それでも教会は優しく、主役と変わらずチョコレートにありついた。

教会へはチョコレートをもらってお終い。参加を続けることはなかった。しかし、この経験が後日人生への疑問や悩みをもったとき、キリスト教のことが頭に浮かんでくる重要な思いを運んでくれたのかもしれない。

中高そして大学へ

「焼け跡から始まった」日本社会も、民主主義陣営に加わった敗戦国日本へのアメリカの援助、1950年から始まった朝鮮戦争によって生じた日本への特別需要、そして何よりも日本国民の経済復興への意欲と努力が相まって順調な軌道に乗ることになった。終戦後10年の『経済白書』には「もはや戦後ではない」と記述され、アジアの奇跡と言われるほどの経済発展を実現していった。

このような経済復興のなかで、当時塾もなく厳しい勉強もない環境のなかで、進学校といわれる私立中学・高校に進み6年間を過ごした。どちらかというと、(今では「エー。信じられない」と言われるのであるが) 口数少なく消極的で目立たない学生であったと思う。

学校の勉強ベースで大学試験に臨み、第一志望の神戸大学経済学部に合格することができた。神戸大学はわが国では初めて経営学部を擁する大学であったが、今でも誤解があるように「経営とは企業のお金儲け」という思い込みがあって（その後経営学を専門とするのであるが）、そんな狭い勉強より広い範囲に見えた経済学部を選んだのであった。幸い、神戸大学の経済・経営・法律の社会科学三学部は自由に履修が可能で、経営学授業にも十分参加することができた。1958年入学、わが国は「もはや戦後ではない」時期を順調に進み、高度経済成長のスタートラインに立っていた。1960年池田内閣が掲げた所得倍増計画に沿って、経済は年率10％の平均成長を実現し（7年で所得は倍増され）、物的豊かさにわが国社会は沸いていた。大学入学の年、1万円札が発行され、「主婦の店ダイエー」が流通革命と銘打って大阪に誕生している。

大学時代の歩み

大学時代に大きな転換が自分に生じてきた。

勉強に関心は少なく、勉強熱心な北野ゼミ末席に連なったことは当時負担にもなっていた。三商大（旧高等商業大学。一橋大学、大阪公立大学、神戸大学）交流ゼミ発表には逃げ回り発表を逃れようとした。発表が不可欠な卒論テーマは「近代社会における人間疎外」という経済原論ゼミに相応しくないテーマを選び、勉強熱心な仲間からの討議や追求を避ける作戦でもあった。

一方、興味を持った国際交流を目指すInternational Student Association（国際学生協会）に籍を置き、共通言語としての英語を身に着けるためパルモア学院には熱心に通い卒業証書を手にした。

かたや卒論テーマにも選んだように、「人間とは何か」「社会とは何か」「人間は――そして自分は――いかに生きるべきか」「社会はどうあるべきか」といった生涯を貫く哲学的深みに落とし込まれ、キルケゴールや哲学書をかじり解決への道を模索した。友人に誘いを受けキリスト教会に出入りするようになり（幼いころのチョコレート目当てのクリスマスが、親しみを感じさせてくれたのかもしれない）聖書からの語り掛けや説教に心を動かされ、大学1年のクリスマス、キリスト教徒になる洗礼を受けた。

同時にChristian Service Fellowship（ＣＳＦ）と称する組織活動に参加、春夏の休暇時期に労働奉仕や支援活動を通して学びや楽しみをエンジョイすることになった。活動としては年に2回、春と夏の終わりごろにいろんな所でワークキャンプを行い、昼間は労働に汗を流し、夜は研究やディスカッションを行うといったものであった。参加者の年代としては学生が多く、キャンプは学生の合宿のような雰囲気で楽しいものであった。私は50キロのセメント袋を落としてセメントが散乱し叱られるなど、非力ではあったが労働することは楽しかったし、晩の討論も面白かった。参加者の中には社会人もいたが、やはり奉仕活動したいということで夏休みを取るなどして来られていた。そうした多様な立場の人とも交流できたことも大いに有意義であった。

私はそれまで、どちらかといえば引っ込み思案な人間であったから、こうした人間集団の中に入りいろいろ交流をするなかで、リーダーシップやコミュニケーション力を鍛えられた部分も非常に大きい。自然災害救援のキャンプも経験、今も頻発している災害ニュースに接するたびにボランティアへの応援を温めている。

CSFでは人間的交流も多大な豊かさを

ワークキャンプ

もたらしてくれ、多くの仲間がすでに天に帰ったが、今も残された者が月イチ交流（飲み会）を楽しんでいる。

大学時代の歩みは人生に大きな道筋を整えてくれることになり、自分の人生の基軸を固めることになり、性格も積極的に変わる大切な4年間となった。

就職――会社人間への出発

大学の勉強には熱心とは言えなかったが、そんな自分でも、学生会発行授業ノート購入や友人の助けを得て、留年することなく1962年卒業。折からの高度成長で就職は売り手市場。売り手市場とはいえ、希望していた㈱クラレは初任給が高く（その後の昇給は商社や金融に比べ劣っていることが入社してから分かった）、関西系企業として人気があって採用が決まったときはうれしかった。

大学時代を経て、性格は前向き積極的に変わってきていたので部署は営業を希望、受け入れられて産業用素材（車両用帆布、店舗用軒出しテント、登山用テントなど）販売課配属となった。

新入社員歓迎会では当時流行であった植木等「スーダラ節」を踊り付きで披露、この時から「マンガ」というニックネームをいただくことになった。研修期間が終わって最初の任務は担当地域の北陸や九州の得意先に1週間くらいの日程で代理店と一緒に販売して回るのであった。そのころ新幹線は無論なく、九州巡回は夜行列車、前の晩から寝台車に乗り込み「アサー（朝）」という車内案内で山口県厚狭《あさ》駅到着に目覚めて顔を洗う。初めの訪問地である下関に降り立って、ピチピチ跳ねるフグを扱う市場で仕事を始めたことが今も記憶に新しい。入社初期は大学時代のような自由なゆとりは少なくなり、営業に数字で課される仕事に戸惑ったり滅入ったりすることもあったが、だんだんと仕事に慣れ自分なりのペースもつかめるようになってきた。

営業である以上、得意先との親密さは不可欠で、飲み会や麻雀は付きものであった。新入り早々得意先との麻雀に誘われ、学生時代とはけた外れの賭け付き、経験薄いままに負けに追い込まれ、あっという間に月給の多くの部分が消えたことも忘れられない。営業の付き合いといえども、もちろん会社が保証してくれることはありえず、対抗できるよう作戦研究にも精を出し腕前も上がってきた。運動神経に劣りながらもゴルフもかじり出した。

そんな努力を重ねているうちに、仕事は面白く、残業代も出ない徹夜作業や長時間勤務にも何の抵抗もなかった。現在の「働き方改革」ではとても考えられない時代であった。待遇は基本的に年功序列、終身雇用であり、業績や能力は十分でなくても結婚、子ども養育などの必要に応じて所得は確保され、企業別に労働組合が存在することもあって、「わが社」が成長することが自らの将来にわたる保証や安心につながるという日本的経営の色濃い時代背景であった。

この時代の日本的経営にあっては、上下格差も少なく、中間層が多く、転職も少なく、合理性ばかりか共同性が重視されて、わが社のためによろこんで働くことが高度経済成長実現の基盤ともなっていた。仕事が終われば仲間同士連れだって居酒屋に向かい、会社の情報交換はもちろん、上司の悪口、野球の話、ゴルフの話、ひいては個人の悩み事まで相談する場所（文字通り居場所のある酒屋）になっていた。会社という組織は、経済的組織であることはもちろんであるが、それに加えて、欧米にはみられない生活共同体、居場所としての特徴を備えていたのであった。

官民協働の高度成長時代、当時の大蔵省は「ホテルオークラ」と呼ばれ、通商産業省は「通常残業省」と呼ばれた時代である。国を挙げて経済成長まっしぐらの時代でもあった。短期間で所得は倍増につながり、物価上昇を超えて給与がどんどん上がる、驚きの経験をみんなが満喫した時代であった。

勉強嫌いの転機

勤続を重ね、営業部門は変わらなかったが、部署は変わり、ファッション衣料、スポーツ衣料と経験を新たにし、遂には繊維ではない新規事業に配置された。新しい事業は、原料となる樹脂を生産しているというだけがキッカケで、映像・音響のソフトな業界、クラレの知名度もなく飛び込みのような経験であった。

さまざまな営業経験のなかで、仕事に対する思いが変化していった。営業職である以上、お客様との人間関係が重要なことはもちろんであるが——お付き合いを通し、好きでなかったお酒が好きになり、今では毎晩欠かせな

営業時代の筆者

くなっている（笑）――、どんな営業活動でも事業や顧客が異なっても、何か共通する成功原則があるのではないかという思いがふつふつと湧き上がってきたのであった。

大学時代勉強嫌いの私の転機であった。マーケティングの本を読み、理解ある上司の許可を得て大阪大学大学院聴講に出かけ、生産性本部が主催するアメリカ企業研修旅行に参加した。会社や家族の理解に感謝であった。できれば米国大学の社会人大学院で勉強したいと思い、一人でサンフランシスコ南のスタンフォード大学を訪れた。そのころはまだ日本人留学生が少ないので大学担当者（魅力ある女性だった）が付き添って丁寧な案内と説明をいただいた。気持ちは大いに鼓舞されたが、長女が誕生したまだ新婚時代、経済的に負担が大きいという現実に断念せざるを得なかった。

研修の前半は主催団体にフォローされてのシアトルからサンフランシスコまでの旅行（ボーイングやGM工場の見学もあった）、サンフランシスコからは団体を離れ、ままならぬ英語を操って一人グレーハウンドバスで移動、アメリカ西海岸の見聞を深めた。この研修旅行記は『私のアメリカ』とタイトルし、

50頁くらいの小冊子として印刷した。

勉強や研修旅行を深めることによって励みになったのは、学術的に学んだことが現場に当てはまるということ、業界や顧客によって当然対応策は異なるが原理原則は共通すること、この事実への気づきであった。上記した新規事業の任務は会社自体も経験のない業界であったが、臆することなく原理原則をどう具体的に適用するかを仲間と検討し実践に移すことができた。

処女出版『日本的経営の再出発』刊行

このような手ごたえを得て勉強意欲は高まり、経営関連学会に入会、学んだり発表したりする機会もできてきた。そして、勤務に携わるなかで、初めての出版『日本的経営の再出発』（１９８６年）を上梓できた。東京単身赴任中で神田の書店で自著が積まれているのを発見した時の感動は忘れられない。喜びの記念にその書店で1冊買い上げたくらいうれしかった。

資源の乏しい国が、高度経済成長を成し遂げ、アメリカに次

いで世界第2位のGDPを誇り、その源泉として日本的経営が世界でブームとなっていた。経済組織であるばかりか、社員の生活共同体としての存在が「わが社」意識を高め、「一社懸命」に貢献する仕組みが経済先進の有力な結果を生み出したという評価であった。

エズラ・ヴォーゲル『ジャパン・アズ・ナンバーワン』（1979年）、ウィリアム・オオウチ『セオリーZ』（1981年）など、日本的経営は世界の著名研究者によっても称賛され日本人は有頂天になっていた。『日本的経営の再出発』において、人的配慮が豊かで会社生活が共同生活性をもっている経済組織としては、世界にも稀な日本的経営を高く評価しつつ、流れに竿をささない日本人の文化人類的特性に警告を示した。「恥の文化」「甘えの構造」に根ざす日本的経営は、個人としての主体性を欠き、事業においては革新性を阻むことになることを懸念、再出発の課題を提示したものであった。この警告は、現在GAFAMが主導する革新的ITやAIが社会や経済の牽引力となり、わが国経済が残念ながら周回遅れになっている状況を言い当てていることになった。一人ひとりの独創性が出にくく、育成されにくく、イノベーションが遅れてしまうのである。

独立への決断

研究活動に深入りしマネジメントの共通原理原則を学ぶうちに、学び実践してきたマーケティングやマネジメントを深めたり、教えたりする仕事への魅力が湧き上がってきた。会社は好きだったしそれまで転身は思いもかけなかったのに、独立への誘惑であった。単身赴任の新幹線で何回も何回も反芻し、安定している会社生活を放棄してまだ何の基盤もないコンサル業へのリスクは予想がつかなかった。子ども3人、まだ小学生も抱え経済的責任も大きいものがあった。反芻を繰り返すうちに「人生お一人様一回限り」の思いが勝ってきた。家族の了解も取り付け、湧き上がる思いを優先した転身への決断であった。折からのバブル絶頂期が前向きの気持を押してくれたのかもしれない。『「働き盛り」のNPO――ドラッカーに学ぶ「真の豊かさ」』（2015年）の「はじめに」で次のように記述している。

「50歳になって初めて脚が震えた。担当役員室を一度素通りしてトイレに入り、再び意を決めて引き返した。二十数年務めた会社に辞表を提出するときであった」

ありがたいことにお引き止めもいただいたが、数か月の期間を置いて1990年円満退社となった。仲間、仕事、顧客など、懐かしい思い出を残しつつの転身であった。

コンサル業スタート

自由時間が増えた4カ月間は勉強の補完と整理、計画と準備に当てた。ボランティアとしてつながっていた淀川キリスト教病院から事務長就任のお誘いもいただいた。自由にコンサル業を志して独立したので、毎日勤務の事務長はお引き受けできないことを了解いただいて週1日半の顧問を務めさせていただくことになり、これは経済面でもありがたい機会であった。さらに病院という非営利組織の現場は、後の非営利組織研究に大きな経験となった。医師という極めて専門性の高い方々に、マネジメントによる組織運営を学習してもらうことに困難と成果のよろこびを感じながらの努力であった。今ではマネジメントの能力がなければ病院も立ち行かず、その面においても各病院の進化は大きなものがある。

コンサル業メインの仕事として、経営戦略を柱とする中堅幹部研修事業を計画した。東京・大阪で交互に実施、参加各社は2名ずつ5社10名による毎月2回×6か月の研修である。会場は参加各社持ち回りとし、会場使用、お茶接待もお願いでき、一人コンサル業としては便宜であり、参加各社にとっては他社の環境にも接することのできるグッドアイディアであった。

ありがたいのは人間のつながりである。独立とほぼ軌を一にしてバブルが崩壊し、わが国経済は成長が止まっていく。皆様からの特別の支援がなければ新規事業の立ち上げは挫折に追い込まれたかもしれなかった。円満退社になった㈱クラレ、営業時代のお取引先、友人などの支援をいただいて、東西交互の経営戦略セミナーを開催することができた。さらに参加各社から社内研修のお招きをいただき安定を加え、マンション一室を事務所として活動を展開することができるようにもなってきた。

コンサル業の幹部研修

研究者への道

このようなスタートとあいまって、思いがけないオファーをいただいた。神戸大学同窓の片岡信之教授（当時龍谷大学経営学部、後に日本経営学会理事長）から、「経営学部で日本的経営を担当してもらえないか」というお誘いであった。教授は会社時代の『日本的経営の再出発』刊行を評価いただき、学会での面識もあった。独立に際し、大学教職になることは考えになかったし、なれるとも思っていなかった。でも週1日の非常勤講師であったし、新鮮な思いでお引き受けすることにした。

この機会は予想以上に刺激あるものとなった。教壇で90分の講義をすること、内容や話し方にも工夫と努力をしないと学生の皆さまに聞いてもらえないこと、龍谷大学は西本願寺直系なので仏教学を担当される教授や高僧と親しく話ができることは、クリスチャンである自分にとって楽しい学びの機会でもあった。また研究職としての学びや刺戟をいただく機会にもなっていった。

そうしているうち、龍谷大学経営学部が社会人への経営教育に注力することになり、実務経験のあることから「経営管理論」をも担当する教授に迎えられることになった。独立後9年、1999年のことであった。企業でのセミナーなどは継続するので、一部の仕事が免除される特任を付していただいた。研究室が与えられ、学会出張や書籍代が学校に負担してもらえるのは、ありがたい特権であった。その後定年まで京都文教大学人間学部、大阪商業大学総合経営学部教授を歴任させていただいた。

夏休みを利用した集中講義では、プール学院大学、四国学院大学、日本大学大学院に出講、さまざまな学校の校風や地域環境にも触れる新鮮な機会となった。

長い出講経験では地元の関西学院大学、社会人大学院MBAコースを手始めに、商学部、経済学部、総合政策学部、教育学部（当時聖和大学）、神学部に講師として奉職させていただいた。先年、83歳で客員講師を最終定年、一部抜けはあったが足掛け30年の教職を終えた。ミッションスクールであり、家族のなかにも卒業生・在学生もいて、すっかり関学ファンの気持ちが高まり、アメフト観戦、相撲宇良関応援、今も高齢の聴講生として学びを楽しんでいる。若い学生さんと接することは、気持ちの若さを保つことにも役立っている。

研究の深みへ

研究者への道でお世話になった片岡先生から新しいオファーが届いた。自分が桃山学院大学院へ龍谷大学から移るので、大学院が博士学位を授与するモデルになるべく入学してほしい、というものであった。還暦間近になってという思いもあったがお世話になった方の要請であり、チャレンジを決めた。神戸大学経済学士の学歴で博士課程の間に存在する修士資格もなかったのであるが、並み居る教授会の査問を受け入学が承認された。

本音では軽く考えていた論文作成であったがこれが実に難関、主査を務めていただいた村田晴夫学長は哲学を修められた著名な経営学者である。大筋を掴んで分かりやすく表現するという企業で鍛えた特技は通用せず、論理の矛盾や曖昧さが鋭く指摘された。勉強は夜中、仕事場に布団を持ち込んで討議・修正の繰り返し、60歳になって最も勉強に没頭することになった。

それでも通常3年の過程を2年で切り上げてもらい、査問のための教授会での質問に答え２００１年61歳での学位取得が承認された。論文は「非営利組織研究──その本質と管理」である。コンサル業が安定、教職に軸足を移し、企業のマネジメントを経て非営利組織のマネジメントに関心を深めていた。学校、病院、福祉施設、国際協力などの非営利組織では当時はマネジメント力が十分でなく、「マネジメントは企業のお金儲けのもの」という誤解もあって研究の分野でも進化が遅れていた。後にも記述するように、非営利組織の存在が重要になるとの認識をもってこのテーマを選択したのであった。結果、非営利組織の意義と全般マネジメントについてはわが国最初の博士学位となった。

論文を主軸に刊行した同名の書籍（２００３年）は幸い日本ＮＰＯ学会研究奨励賞を受賞、副賞の10万円は自分にとって予想外の大金であった（笑）。

非営利組織（ＮＰＯ）に関わる著書も数冊上梓、ＰＨＰ新書や東洋経済から出版していただき、ロングセラーとして読んでいただくことができた。

非営利組織は詳しく後述するように、さまざまな困難や課題を露呈しているわが国（のみならず世界）にとってそ

大阪・梅田の紀伊國屋書店にて

の働きが一段と期待されている分野である。アメリカではドラッカー『非営利組織の経営』（1990年）はじめ多くの経営書が非営利組織を対象に上梓されているが、わが国では研究も実践も乏しく、この分野に貢献しようと思う気持ちが高揚された。この30年間でこの分野の研究も実践も大きく進化して、大学も病院も福祉施設も国際協力機関も目を見張るような活動をみて感動することも多くなっている。

数字がものをいう営業実務の世界から、その厳しい現実に即した原理原則を教授するコンサル業、そして原理原則を深める研究と大学教育を歩んできた。研究・教育・実践に携わるなかで、相互の現場を行き来することが学びを深め刺戟をいただくことにつながってきた。その機会が豊かになったのは人間のつながり、周りの皆さまからの支援のお陰であった。振り返ってみれば、研究の対象も、経営管理総論、経営戦略論、人材管理理論、企業倫理論に重点を置き、経営現場としての企業はもちろん非営利組織のそれにも関心を深めてきたのであった。

２００５年から13年間伊藤ハムと統合された伊藤ハム米久ホールディングスのＣＳＲ委員長に招かれ、問題が多発していた業界にあって企業倫理の実践を担当した。企業倫理はキレイゴトではなく、人間性や社会性に配慮しつつ、その故に業績も向上する（業績が良いことが社会からの評価であり、社会にあって貢献している証拠）島田トライアングルを強調した。

会社は三菱商事の傘下に入り、引継ぎを見極めてリタイアすることになったが、経営陣、労働組合委員長、担当事務部門を巻き込んだ経験は、苦しい時もあったが楽しいものでもあった。リタイアに際し記念の冊子をボランタリーに作ってくださったが、委員長の名言と題して「コンプライアンスだけではメシは食えない。コンプライアンス抜きではメシも食えない」と記していただいた。リタイア後数年たった今も、担当者や労働組合委員長経験者とタマの飲み会を楽しんでいる。

人生二毛作からの学び

ここまで自分史の紹介で記述を進めてきた。50歳という、いわば遅めの転身を決断し歩んだことを中心に、私の二毛作を紹介してきた。この選択が、自分の1回だけの人生にとってベストな選択であったのかどうかは分からない。しかしながら、自らの選択に責任をもち、生ある限り、与えられた環境のなかで前向きに歩んでいくことに心を向けていくことを実行したことになった。

今も老害にならないよう注意しつつ、非営利組織の応援・協力そして時折マネジメントの立場からの意見具申をもさせていただいている。

経営学研究の主な先学から、バーナード、ドラッカーにも学んできた。その経営学は「人間とは何か」から出発している。自分も様々な経験や転身のなかで、「人間とは何か」「人間はどう生きるべきか」を問い、さらに「組織とは何か」「組織はどうあるべきか」を経営の課題として探求し、ひいては「社会とは何か」「社会はどうあるべきか」への関心と実践を一貫して失わないよう努めてきた。

お読みくださる皆様にも、これらの問いと、できる範囲での実践に心を向けていただければうれしいと思う。それが、かつて内村鑑三が説いた、誰にもできて誰にも大切な「高尚な人生」につながるのかもしれないと考えるからである。

第1章まとめ

戦争の恐怖と焼け跡から始まった記憶に自らの人生を巻き戻し、85歳に至る歩みを振り返った。

小学校・中学校・高等学校、そして大学時代は大きな社会環境の変動を伴いながら学びや活動を続けてきた。大学生になり、終身の課題となった「人間はいかに生きるべきか」「社会はどうあるべきか」の関心を深め、食料不足のとき教会でありついたチョコレートの思い出もあったか、クリスチャンとなる道を選んだ。それは、ずっと学び・活動・言動を左右する基軸になっている。

㈱クラレに就職、営業活動に従事、ノルマ達成など苦しいときもあったが、日本的経営の環境のなかで徹夜・長時間残業も辞せず楽しい歩みであった。後の研究にとっても大切な基盤となった。

そのなかで思いもよらず、仕事の原理原則を学びたいという欲求にかられ、好きだった会社を辞し、コンサル業を起こすに及んだ。そしてまた思いもよらず研究職への道が開かれ、経営管理理論、非営利組織論などの深みにはまり著書も出版、コンサル業と両立しつつ大学教員を長く担当させていただく機会が与えられた。

研究や活動は、少しずつ企業管理から、進化が遅れていた非営利組織管理に軸足を移し、現実の非営利組織にマネジメントの貢献を志して参加させていただく領域が拡がっていった。

さまざまな思いもかけぬ「人生二毛作」ともいえる歩みのなかで、「人間はいかに生きるべきか」「社会はどうあるべきか」の問いはずっと持ち続けていきたいと考えている。その問いのなかから不思議な糸に操られて歩みを続けてきたし、生ある限り、許される範囲で学びと実践を続けたいと思っている。

第2章　私たちは今どこにいるのか　――経済と政治を中心に

それぞれの人生を充実して歩むためにどのようにすればよいのか。人生道場で信念や実りを得るために、私たちの現実を観察することから始めよう。社会の現実を観察すること、人間の現実を観察すること、ここから地に足のついた発見と歩みだしを期待していきたい。

あまり関心がないところ、少し理解困難なところがあれば、立ち往生せず飛ばし読みをして、大きな流れを感じ取ることにしていただければよいと思う。ただ、第2章最終のページに記述する「本章まとめ」だけはぜひ読んで次の章に進んでほしい。

社会の構成――四つの領域

私たちの住む社会は図表のような四つの特徴ある働きをもつ領域で構成され

ている。この四つの働きがそれぞれの働きを支援しながら（例えば、経済の成果が税を通して政府に還元され、政治の働きができるようになる。逆に政府の働きが政策を通して経済の発展を助ける）、一方では牽制する（例えば、経済の市場活動の自由が政治の過度の市場介入を抑える動きになり、逆に政治の労働政策が経済の自由度を抑制する）役割を果たしていくのである。相互支援・相互牽制が社会全体の健全性を支えていく。

四つの働きの特徴を示すならば

経済は　合理・効率の原則
（科学技術も活用しつつ、企業が備える基本的原則）

政治は　平等・安全の原則
（一律公平、法律による行政。社会の方向付け、国家を代表）

文化は　理想実現の原則

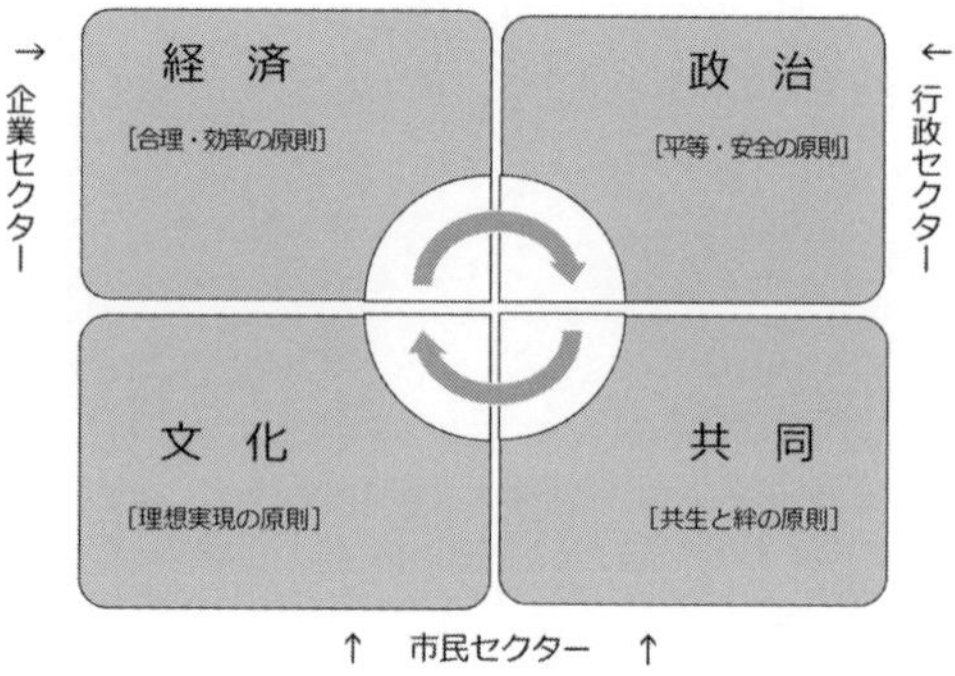

（芸術などの一般文化のみならず、社会や人間のあり方を考える価値観）

共同は　共生と絆の原則

（人間や社会の「つながり」）

である。

この章では、経済及び政治の過去・現在を概観し、成果と問題を明らかにし、問題に対処していく文化や共同の働きを第3章で考えてみることにしよう。

第1節　経済を巡って

戦後から現在までのわが国経済の足取り

連合軍の爆撃により徹底的に破壊され「焼け跡から始まった」わが国の経済の足取りを、

焼け跡→立ち直り→高度成長→オイルショック→回復→バブル→停滞

という流れのなかで観察していくことにしよう。

戦後の立ち直りからオイルショックからの回復まではわが国経済にとって前向きの前進であった。

終戦直後のＮＨＫ映像ニュースは「日本の戦後は焼け跡から始まりました……」という印象的なナレーションで語り始められた。そして、ガレキと掘っ建て小屋、そして闇市で食料を漁り歩く人々の惨憺たる東京の状況を映し出した。さらに、「こんな無意味な戦争に駆り立てられた痛恨を覚えます」と語られ、それまでの「鬼畜米英」「一億玉砕」のスローガンがあっという間に置き換えられたことに驚かされる。流れに流されやすいわが国の変身であった。

「焼け跡から始まった」わが国の戦後は、アメリカの占領政策の下、民主主義が掲げられ、天皇中心国家観が退いた新しい社会の始まりでもあった。「富国強兵」は「経済再建」に置き換えられ、官民一体の努力が始められた。

戦後の東西冷戦により、アメリカ側についた日本に対して主としてアメリカから多大な支援を得ることになったし、１９５０年に勃発した朝鮮戦争による特別需要が日本に発注され、製造業の発展につながった。しかしながら、石油や鉱物などの資源に乏しいわが国が高度成長を実現し、１９６８年にはアメリカに次いで世界第２位の経済先進国にまで上り詰めた背景には、世界でもユニークな日本的経営と呼ばれる経営システムの存在が大きいことを理解しなければならない。日本的経営は前向きの前進となる期間、わが国経済にとって間違いなく大きな貢献につながってきたのである。

現在ではわが国経営システムは、かつての日本的経営とは随分違ったものになっているが、経済成長時代の特徴を理解し、肯定的な部分と否定的な部分を理解しておくことは、私たちの今を観察し行き先を考える上で重要なものがある。

日本的経営の特徴　①年功序列

日本的経営を観察してその特徴を紹介したのは、ジェームズ・アベグレンであった。彼は第二次世界大戦では日本軍と戦い、後にはアメリカで著名なボストン・コンサルティング日本代表、上智大学教授などを歴任、日本に帰化している。

1958年『日本の経営』を発表、日本的経営の特徴として年功序列、終身雇用、企業内労働組合の三つを挙げた。この特徴は現在でも日本的経営を説明する定義として用いられていることも多い。

年功序列は、給与や社内地位が年功とともに上がっていくシステムであり、戦後食べ物にも困っていた日本人にとって、安定的で、年齢と共に結婚、子ども養育、学費、自宅購入など、年を追って必要費用が増えるのに合わせ給与も上がっていくという待遇は歓迎すべきものであった。もちろん給与や地位が年功序列で一律に決定されるものではなく、年功を基準にある程度の差が存在するのは現実であった。でも、年功を経ても課長能力が難しければ、課長代理・課長代行などで遇することも稀ではなかった。自分が管理職になって部下の査定を要請されたときも、人事から送られてくる評価表は年功順に記載されるのが一般であった。

高度成長期のわが国評価システムは年功序列の色彩が色濃いものであった。個人業績が会社に対する貢献尺度であると合理的に考えるとすれば、年功序列は不合理、もっというならば不平等ということになるのかもしれない。

しかしながら、合理・効率を原則とする経済に竿をさすかのように年功序列を採用してきた日本的経営は、会社がある意味で共同体の性格を維持してきたのであった。それは、あたかも家族共同体では勉強のできる子もできない子も、健康な子も病気がちな子も、みんな等しく扱われるのと重なるところがある。

日本的経営の特徴　②終身雇用

終身雇用は、入社した会社に基本的に定年まで働き、会社も解雇することのないシステムである。景気が悪くなってもみんなで耐え、犯罪や無断欠勤などがなければ定年まで雇用が保証されるシステムである。

わが国を代表する企業であるトヨタやパナソニックはかつて日本的経営を代表する企業でもあった。1918年に創業された松下電器（現パナソニック）はわが国経済が停滞し、製品が在庫の山になっていたとき、「ここは社員を半分にするしかおまへん」という幹部の進言に対し、松下幸之助は「ウチは、社員の首を切らん。勤務は半日、給与は全額。そのかわり、みんなで余った在庫を売りまくるんや」と言い放ち、リストラを覚悟していた従業員の団結を深め困難を乗り切ったという。

年功序列と並んで、会社がつぶれない限り身分が保証されるという終身雇用のシステムも会社への依存と密着を生み出し、会社共同体として貢献意欲を育むものとなっていた。

入社式は組織の仲間になった、同じ船に乗り込む仲間になったということを象徴する重要な儀式である。同じ時期に入社した従業員は、「同期」として人生の長い期間を共にし、後々までも（退社した後までも）付き合いをもつことも稀ではない。

日本的経営の特徴　③企業別労働組合

企業内労働組合は企業毎にあらゆる職種（営業、研究、生産、財務……を問わず）の労働者が同一組合に参加するシステムである。労働者にとって職種は関係しない。アメリカのように、転職が給与や昇進の機会であり、職種毎に労働組合が結成（自動車産業における溶接工労働組合、塗装工労働組合のように）されているシステムとは異質である。同じ会社に属する従業員が共通の利害と交流が得られる仕組みである。

しかも、会社が業績を上げることによって、従業員全体の給与や新規事業での機会も拡張し昇進機会が増えていくことは、いやがうえにも「わが社」意識を高揚させる効果をもたらす。サービス残業、単身赴任などをものともせず、社長から現場の隅々まで、わが社のために「一社懸命」に貢献しようとする「会社人間」が育ち、それが資源のない国の経済成長の基盤となったのであった。

このような日本的経営の仕組みのなかでは、労働組合も「健全なる野党」として経営側と協調し、「わが社」の発展に協働する基盤が存在していた。

日本的経営の現場から——居酒屋を覗く

『日本的経営の再出発』を著し、外国人や研究者から日本的経営について問われたとき、私はためらわず、ビジネス街周辺の居酒屋に案内することにしていた。上司と部下のグループもあるが、客のほとんどは気の合う仲間同士での楽しみであった。一杯飲みながらの話題は多方面にわたる。仕事の打合せや情報交換（これが組織の壁を越えて役に立つ）、人事異動のうわさ、上司の悪口などが定番で、ゴルフのこと、まるで監督になったつもりの野球解説、そして家族や健康の悩みや相談と話題は続き、メートルが上がるにつれて、グチやホンネが出てくる。真剣な話からたわいのない話まで実に種々雑多である。実益になることもあるしストレス解消にも役に立つ。仕事の範囲をとっくに超えた友人・仲間となっている。

欧米人には驚きとなる。仕事を終えて、今から家族や地域の人達とビジネス抜きの自分の時間をもとうというときに（イギリスのパブは一度帰宅して着替え家族や友人と楽しむ場所と聞いている）、よりによって同じ職場仲間と仕事混じりの付き合いをするなんて想像外である。

日本人にとっては、職場は仕事を超える意味をもっている。職場は、労働を提供して給料を受け取る場所であるだけでなく、生活全般を関わらせる場所ともなっている。そこで生涯の友人が生まれるような場所ともなり、社内結婚も少なくない。ドン

チャン騒ぎ、たわいない会話や情報交換、ちょっと深刻な相談事など、私にとっても懐かしい思い出になっている。現実に、退社して30年経っても会社時代の付き合いを飲み会やゴルフ会で楽しんでいる。いわば、給料を超えて、共同生活のある場所となっていたのである。

このように観察するならば、日本的経営においては社員や職員を「経済人」「仕事人」としてのみ律することはできない。会社のなかで、所得を得るばかりか、そこで生活全面にわたる場をもち、社会的地位と安定を得ている、世界でも珍しい存在なのである。

バブル以降成果主義が進み、アベグレンによって指摘されてきた慣行は縮小されてきた。しかし、日本的経営の本質は、会社が経済的機能を超えて、仲間としての触れ合いや絆のある共同生活体としての現場をもっているところにある、と筆者は定義する。従業員が機能だけではなく、全人格をもつ人間として扱われ協働し、会社や周辺で居場所をもつ経営は評価されるべきものをもっている。だから、たとえ成果主義が進み所得や地位の格差は大きくなったとしても、従業員を能力だけでなく人格をもった人間として考えようとする限り、共同生活体を備えた世界でユニークといえる日本的経営のメリットは修正を加えながらも評価できるものを有している。仕事への能力だけではなく、人間のつながりによる協力は、一人ひとりの充実や楽しさになり、成果も期待できるはずである。

インフォーマル・グループの存在は重要

居酒屋の集いはインフォーマル・グループ（非公式組織）である。それは組織図にのっているものではないし、強制されているものでもない。自分の財布でやっている。その中には、いわゆる「会社人間」も沢山参加している。欧米でいう「会社人間（company man)」は、仕事オンリーの猛烈社員であるのに対し、わが国「会社人間」は、仕事世界だけでなく、会社仲間との楽しみ世界ももっている。それが人間関係ネットワークとなって、巧まずして仕事に役立つという、いわば趣味と実益の世界となっている。居酒屋は、みんなに仲間との絆や自らの存在感のある「居場所」のある酒場である。だから、酒を飲めない者まで（割り勘負けを承知で）居酒屋のノレンをくぐるのである。

居酒屋の現場でも観察されるように、インフォーマルなつながりは、①コミュニケーション効果（職位や職種にかかわらずタテ・ヨコ・ナナメの情報交換や交流が行われる）、②一体性を維持する効果（仲間同士がホンネで触れ合うことは、自然と一体感を高め仕事への意欲も拡大される）、③それぞれの個性を回復する効果（公式組織がややもすると官僚的・非人格的になったりするなかで、ホンネの触れ合いがそれを緩和し個性を守ってくれる）

近代経営学の始祖ともいわれるチェスター・バーナードは不朽の著『経営者の役割』を1938年に発表した。今も経営学を専攻する者はこの著を抜きにすることはできない。彼はニュージャージー・ベル電話会社社長を務めた実業人であったが、ハーバード大学での講演に招かれ、ビジネスの現場を熟視しつつ固有の経営学を著したのであった。

バーナードは組織で働く人間を「経済人」として捉えるのではなく、人格的特性をもったものとして捉え、人間性を重視したマネジメント理論を構築し、そのなかで人格的触れ合いを伴う非公式組織の存在も重視するのである。ヒトの意欲を高揚する日本的経営のメリットを理論的に述べた権威としても位置付けることができる。

日本的経営という強みが支えた経済成長

このようにして、焼け跡から始まったわが国経済は目覚ましい発展を遂げ、戦後10年で「もはや戦後は終わった」と『経済白書』は宣言したのであった。

1960年末首相池田勇人は「所得倍増計画」を発表し10年間で2倍を達成する目標を策定した。計算上年率7％の実質成長が10年続けば所得が倍増する計画であったが、現実には年率10％の成長が達成され7年で所得倍増が実現した。この勢いは1973年オイルショックまで持続し、所得はおよそ4倍にまで増加した。筆者もどんどん上がる給与やボーナスにホクホクしながら「こんなに上がって大丈夫かな」と思うほどの勢いであった。

この勢いにショックを与えたのが1973年10月に始まるオイルショックであった。中東の産油国が原油価格を一挙に70％引き上げたことを受け、全面的に輸入原油に依存するわが国経済は大混乱に陥り、物価は一年で23％も上がり、巡り巡ってトイレットペーパーがなくなるらしい、という噂が拡大して買占め騒ぎが発生した。政府は対応のため、買占め・売り惜しみを禁止する緊急法律に基づいて騒動を収めなければならない状況であった。

このようなショックのなかでわが国経済成長は打って変わって戦後初めてのマイナス成長を余儀なくされた。しかしながらわが国企業はエネルギー対策を総出で進め、マイナス成長を克服して年率４％強の成長を回復した。筆者の勤務していた会社でも、エネルギー節約が浸透し、工場の配管にはムシロを巻き付け、エネルギーロスを減らす努力がなされた。それまでの年率10％に及ぶ高度成長からは４％に下落したが、すでにアメリカに次いで世界第２位の規模にまで上り詰めていたわが国にとっては決して低い成長とはいえなかった。

このようにして、焼け跡から始まったわが国経済は１９９０年に入ってバブルに遭遇するまで順調に推移した。資源の乏しい国がこれほどまでの成長はアジアの奇跡とまでいわれた。

日本的経営（ジャパニーズ・マネジメント）は世界の注目を浴び、世界から研修チームが来日してコンサル解説や企業見学を行い、多くの書籍が書店を埋めるほどの勢いにまでなったのである。筆者も成長著しい中国に招かれ、日本的経営の講演を要請される機会があった。

わが国社会へのマイナス影響――「あまりにも経済」

このようにしてわが国は経済先進国としての地位を獲得したのであるが、一方で社会やそれぞれの人生にマイナスというべき影響をもたらすことにもなった。

池田首相は、所得倍増計画発表にあたって、「結局は経済発展ですよ」といった発言を行い、国民も納得して経済成長実現に努力を惜しまなかった。その結果、経済の基本原則である合理・効率が社会全体や個人の人生観の基本に座り、物的豊かさ・快適さが支配するようになってきたのであった。そして、モットモットという飽くなき追及がバブルを膨らませ、1990年代から始まるバブルの後遺症に苦しみ、わが国経

中国での講演

済の長期停滞を招くことになってしまったのである。

経済は言うまでもなく重要なのであるが、それは社会や人生の最終的目的とは言い難い。筆者が「あまりにも経済」と呼ぶ行き過ぎが価値観の中心に座り、真の豊かさを阻害することになっていると考えるのである。

すでに示したように、社会における経済・政治・文化・共同の四つのセクターが支えあいながら牽制していくことが調和ある社会であるのであるにもかかわらず、経済のセクターがあまりにも大きな支配力をもつ歪みをつくりだしてしまった。

日本的経営の問題点

わが国経済の成功、そしてそれを支えた大きな要因として日本的経営のプラス面があった。しかしながらそのマイナス面も見逃してはならないと指摘した。筆者は日本的経営がブームであった1986年、バーナード生誕100年も記念して（筆者はバーナードに賛同するとこ

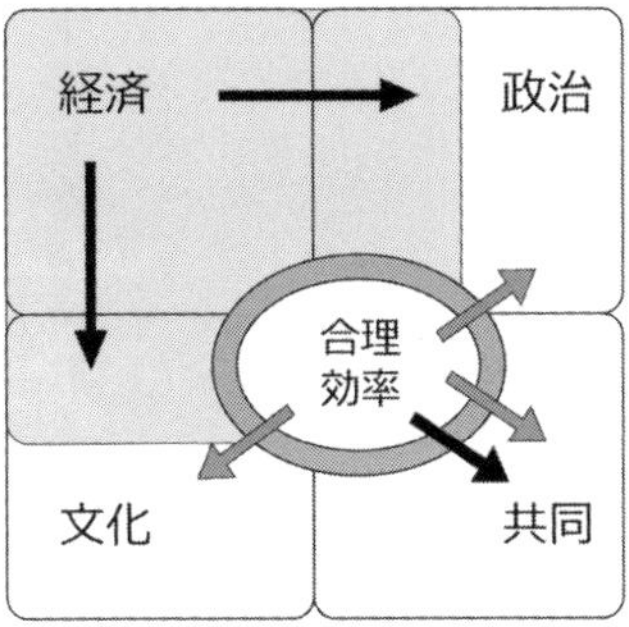

経済突出社会のモデル

ろが多くあった）、『日本的経営の再出発』を刊行したことはすでに述べた。その際、世界的ブームにもかかわらず「再出発」すべき課題を主張した。

かつて土居健郎は日本人の特性を研究し「甘え」の存在を指摘した（主著『甘えの構造』１９７１年）。日本人に特徴的な「甘え」は、互いがもたれあっているという心情である。甘えは適度であれば潤滑油にもなり、一方的に否定すべきものではない。しかしそれは往々にして、他者の意見や行動に依存することによって、個人に自らが責任をもって決定し行動するという主体性を失わせる。全体の流れに逆らわず、流されやすい状況が生まれる。

ルース・ベネディクトは、終戦後の日本統治政策のためにマッカーサー元帥の依頼により、日本人の特性をあぶりだした『菊と刀』（１９４６年）を著した。彼女によれば、日本人の特徴は「恥」の文化に依存しているという。すなわち、自らの意思や行動を決定するときに、それが恥と映らないかを重視するという特性を指摘した。自分を取り巻く社会や組織のなかで、自分の行動がどう映るかが決定の根拠になるという。戦時中の日本軍人は捕虜になることを恥として玉砕することも多かった。子どもに「そんなことでは近所の笑いものになるよ」と諌めるような場合もそれである。

一方西欧の文化は「罪」の文化であるという。罪とは、犯罪という意味ではなく、絶対者（神）の前に立って正しいかどうかが決定の根拠になっているとしている。自らの主体的な責任を重視する立場である。

これらの分析によれば、わが国の文化、あるいは個人の意思決定や行動様式には、主体性の欠如が問題とされている。強力なリーダーや社風に流されて、自らの主体的判断なしの行動が問題になる。これは、企業や行政の不祥事についてもいえることで、上梓の指示や会社全体の雰囲気に流されて発生することが多い。多様性は軽視され個性も尊重されない。

後述するように、この特性がバブル崩壊後の経済の長期的停滞（個性的開発やイノベーションに欠ける）につながり、人生の拡がりや真の豊かさの障害にもつながるのである。今も「再出発」すべき課題が残されていると筆者が考えるところである。

わが国経済の長期停滞

そして1990年以降、バブルからの回復が手間取るとともに、その間世界の経済構造が大きく変化した。経済を牽引する産業は情報産業に移り、ＧＡＦＡＭといわれるアメリカの強力企業が覇権を握り、中国やインド、欧州が追随した。わが国の得手であった品質の優れたものを安価に作るという領域は経済途上国にもっていかれ、先端情報技術領域では、アメリカなどに周遅れの停滞を来したのである。「失われた30年」ともいわれているが（経済が停滞することが即社会や個人にとって「失われた」と表現されるところに、「あまりにも経済」、社会や個人にとって価値意識に偏りがあることが確認される）、経済成長率はそれまでと打って変わって平均１％程度に落ち込んだ。世界における地位も、１９６８年に世界第２位に登り詰めたが２０１０年に中国に抜かれ、２０２３年には人口が３分の２程度のドイツに抜かれ、２０２５年にはインドに抜かれて世界第５位まで落ちることが懸念されている。

この原因としては、先に示した日本人の特性、主流に流されやすく個性の発揮が抑えられるという日本的経営にもみられる事実が関与していると考える。わが国バブル崩壊後世界の経済は情報産業に

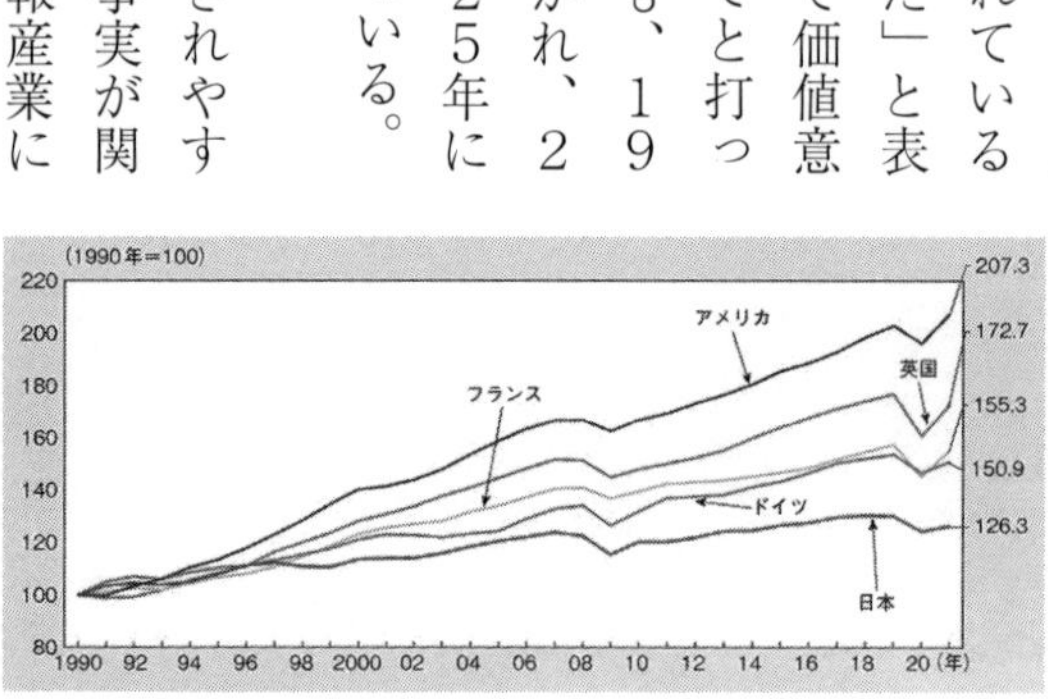

主要先進国の実質 GDP（内閣府）

牽引されてきたことは述べた。情報産業、ITやAIの世界では、個性豊かで能力のある個人が開発の主導権を握る。「みんなでヨイショ!!」という強みがあった日本的経営にはなじまない。出る杭は打たれさえするのである。

GAFAMのトップは、大企業のなかから成り上がったのではなく、資産や家柄に関係なく今日の情報産業を牽引しアメリカンドリームを達成したのである。それが集積するカリフォルニア州サンノゼ（シリコンバレーと呼ばれる）は世界から注目を集め、市場経済に寄り添って株式市場でも影響を発揮している。

あまりにも長いわが国経済の停滞には、他にも財政政策の失敗、日本的経営の希薄化などさまざまな原因がある。それについては、後に「日本は経済にどう向き合うべきか」の項で触れていくことにする。

いま世界は、民主主義を標榜する国家群と独裁的統治を行っている国家群との分断が生じている。しかしながら、経済体制としては市場主義経済一色になっている状況を理解しておきたい。

市場経済一色の世界へ

世界の経済システムは、ほぼ市場経済一色に覆われている。

東西冷戦時代においては、自由主義経済対社会主義経済が対立していた。1989年ブッシュ・ゴルバチョフによるマルタ会議で東西冷戦の終結が宣言され、ベルリンの壁が崩され東西ドイツも統合、そしてソ連邦も崩壊に向かった。経済においては、市場主義を採用しているアメリカやヨーロッパ、日本などが圧倒的に有効性を発揮しており、もはや社会主義経済を継続することは現実的に不可能に追い込まれたのであった。筆者が訪れた経験からも、意欲の乏しい労働者に遭遇することが見られた。賃金格差がなければできるだけラクをしたいという人間の性《さが》が垣間見えるのであった。

社会主義国は計画経済を放棄し欧米型市場経済に踏み切っていくことになる。中国の最高指導者になった鄧小平は1978年、経済においては市場主義に向かい、社会主義的市場経済と称する歩みを主導した。以後、中国の経済発展は高度になり2010年には日本を抜いて世界第2位の地位を確保するのである。

これらの動きによって世界はほぼ市場経済一色になり、経済という合理的効率的なフィールドを中心に国境線を超えたグローバリゼーションが世界を覆うことになる（後述するように、ロシアのウクライナ侵攻により経済も分断され、グローバリゼーションも停滞してしまった）。

いずれにせよ、市場経済がもたらした有効性は、社会主義経済を捨てた中国などの経済的発展によってその有効性が信じられるようになってきている。

このように経済体制としては市場主義（所有者を中心とする資本主義とは一線を画し、経済行為の中枢を自律的市場に委ねるシステム）が行き渡ることになってきた。その誕生と発展についてレビューをしておこう。

市場経済の誕生と問題――パックス・ブリタニカ

ジェームズ・ワットはイギリスに生まれ、１７６９年に画期的な蒸気機関を世に送り出したことが産業革命の幕開けであった。人間や動物の筋力労働による生産を、蒸気機関による生産に置き換え、その生産性は飛躍的に増大し、イギリスに大きな経済的成果をもたらすことになる。農業中心から工業中心への転換がなされ、強力な経済力と軍事力をもってイギリスは世界に君臨する地位を築いていった。これに伴い、本格的な市場経済が誕生していく。パックス・ブリタニカと呼ばれる世界情勢である。

経済が社会の中心的機能となり、強力な影響力を発揮するようになっていった。産業革命はひとり産業のあり方ばかりでなく、経済が関心をいや増すこととなり、社会と人間のあり方を変えていく「革命」でもあった。

産業革命に呼応するように、アダム・スミスは1776年、『国富論』を発表した。豊富な生産物が自由放任された「市場」で取り引きされ、見えざる手が働いて社会全体を最適調和に導くというのが彼の主張であった。人々が経済行動において自由にふるまえば、自然に豊かな社会が到来するという、現在も世界中で採用されている「市場主義」の原点というべきスミスの主張であった。人間は合理的に経済的利益を目指すという「経済人」モデルが考えられるようになっていった。スミスは同時に『道徳感情論』を著し、人間の道徳的振る舞いをも同時に信じる立場を表明した。その基盤に立てば、自由な市場活動もおのずから道徳的制御を受け、順調に発展するというスミスの思いがあった。

しかし、現実はスミスが期待するようにはならなかった。産業革命下のイギリスで、富を増やした資本家階級（ブルジョアジー）に引きかえ、労働者階級（プロレタリアート）の生活は惨めなものとなった。都市の貧民層、解体する農村から都市へと流入する農民層が、過酷な条件で働かされることになった。資本（生産に投資された財産）が経済の基礎となっている社会で、財産をもたない彼らは、市場で労働力を切り売りするしかなく、3K（キツイ、キタナイ、キケン）はもちろん、安い賃金にあえぐことになった。「経済人」の自由な振る舞いは正義を実現しないことが明らかになっていって階級分裂が起こり、貧富の差は大きく拡がり、社会は安定を失っていくことになった。

もともと市場経済は、企業であれ個人であれ、自己の利益（エゴ）をテコにして行動を促すシステムである。自己利益で動かされる社会は当然に問題も発生させることになる。それが産業革命下のイギリス社会の教訓である。今や世界は市場経済一色になっているが、市場経済が万能でないことをわれわれは心しなければならない。

市場主義の修正と拡大――パックス・アメリカーナ

イギリスの地位に代わって世界の経済・軍事のリーダーシップを担う存在になったのが18世紀に誕生した新興国アメリカであった。アメリカは、合衆国憲法を土台に民主主義を掲げ世界に台頭していった。

イギリスで階級格差が問題となったが、力を蓄えたアメリカの本領は20世紀になって発揮されていく。経営学の始まりといわれるフレデリック・テイラー著『科学的管理法』が刊行されたのが1911年である。従来、経験によって運営されていた企業が、巨大化するに従い、「経験から科学へ」進化するための経営学によって有効性が飛躍的に高められるとするテイラーは実務に携わる技術者であった。彼は、科学的に管理することによって生産性が高まり、その成果を労使で分け合う「対立から協調へ」の実現をも期するものであることを議会で証言した。キリスト者テイラーの労働者への思いが込められていた。

科学的管理法に基づき、経営に実践してアメリカの産業を高揚させたのが自動車王といわれるヘンリー・フォードであった。フォードは生産方式を科学的に見直し、分業からなる大量生産方式を採用、生産性を画期的に高めることに成功した。そして、その成果を労働者に分配し賃金を2倍以上にしたと伝えられる。フォードにとっては、高い給与により労働者を吸引すること、労働者も車を買える身分にすることで需要が増え大量生産が可能になることも視野にあったのであろう。労働市場全般で賃金が増え、真面目に働けば自家用車を使える社会が実現してきた。イギリスの階級格差ではなく、中間階級の拡大が実現していくことになる。

このような意味では、フォードはアメリカ産業の構造を変え、アメリカの経済発展に大きな貢献を果たしたのみならず、アメリカの社会構造を変え、市場主義による格差などの問題点に解決を提示する働きともなったといえるであろう。

フォードは次のような言葉を残している。

「私は万人向きの車を作るつもりだ。……それは最高の材料と、最高の人材を用い、最新の技術でできるだけ単純化された設計のもとに作られるだろう。しかし、値段はたいそう安いので、十分な給料をもらっている者ならだれでも買えるものになるだろう。そうなれば、だれもが家族とともに神のしろしめす広々とした野外で祝福されたときを楽しむことが

フォードT型モデル

できるのだ。」

（レイシー『フォード』1989年）

アメリカは民主主義のもと市場主義を発展させ、20世紀にはパックス・アメリカーナと称される地位を築き上げる。第二次世界大戦、ヨーロッパ戦線総司令官ドワイト・アイゼンハワー、太平洋戦線司令官ダグラス・マッカーサー、共にアメリカ人である。そして戦後の東西冷戦を制し、一時はアメリカ一強とまで称されたのであった。

世界経済の分断

ロシアのウクライナ侵攻によって、「経済において世界は一つ」を目指すグローバリゼーションが破れ、民主主義を標榜する国家群と独裁的統治を行っている国家群との分断が生じ、経済圏も自由な活動に制限を課されている現状になった。そしてその間に、両陣営から一線を置きつつ独自の行動を志向するいわば中間的国家群が存在し、アメリカ一強の世界は崩れ多元化の様相を見せている。中国が経済的軍事的に台頭し世界における影響力を強めてきた。一方では、アメリカと中国の狭間にあって、主に南半球に位置するグローバルサウスと呼ばれる国々が経済的発展に成功し、どちらかの陣営に軽く同調したり、一線を置きつつ一定の影響力を行使できる強さを示してきた。わが国は経済的地位の挫折、それに伴う円安の進行などによって残念ながら影響力を沈下させてしまっている。

この事情については、主として後述の「政治」のなかで検討することにして、経済面での分断（東西冷戦時代に経験済みの事情ではある）を視野に置きつつ考えを進めることにしたい。

世界は経済にどう向き合うべきか

ここまでの理解をもとに、これからの世界が経済をどう考え行動すべきか、ごく簡単に考慮を加えたうえで、足元わが国の将来を展望することにしたい。

基本的な方向性は、後半で述べようとする政治にも関係するが、世界が平和で相互に助け合い格差の少ない経済を発展させることであろう。世界を、特に経済の領域で、国境のない適切な活動をシェアしていくグローバリゼーションが回復され、基本的な方向性が現実になっていくことが望ましい。政治的な分断はこの実現を阻むことになっていて、経済の面でも「世界は一つ」が期待されるところである。

ＡＩなど先端情報技術の開発や市場化、その活用による諸産業の発展、商品の流通、消費と資源のリサイクル……、世界の国々がそれぞれ卓越した、あるいは優位性のある活動に参加することによって、グローバルな経済的有効性がいや増すことになる。経済先進国は、途上国に技術を指導・移転してその経済活動を支援、相互に助け合いと格差の少ない世界経済に向かうことが、平和の下に諸国がつながる。経済先進国にとっても途上国からの需要を増やし長期的に自国経済の利益につながっていくことになる。ＩＴの普及は世界経済にとっても不可欠なインフラとして機能することになる。発展するＡＩなどの、倫理を含む適切な世界的統御が同時に不可欠なことになる。

世界銀行（World Bank）や国際通貨基金（International Monetary Fund）などが、経済脆弱国にも目を向けて世界的視野に立った支援を実施していくことは、変動する経済のなかでさらなる必要性を増している。

このような機能面での開発と活用が経済的豊かさを可能にすることになるが、市場経済において、強いものがますます強い、弱いものはますます弱くなる、という格差拡大を防御するためにも、経済活動における倫理的要素（アダム・スミスが前提と期待していたもの）の必要性が高くなる。株主資本主義ではなく、ステークホルダー（従業員や社会一般を含む）目線による価値観を共有する経営が主導することが望まれる。最近では著名な哲学者マルクス・ガブリエルによる『倫理資本主義の時代』（２０２４年、早川書房）も上梓されている。

国連は２０１５年にＳＤＧｓ（持続可能な開発目標）を採択し、17の分野における国際目標を決定した。これらは貧困や飢餓の撲滅、教育、ジェンダー平等、環境の管理などで構成される。企業の自主的な目標管理、国際機関による監督、市民の言動などが注目されるところである。

地球温暖化防止のための脱炭素推進、再生エネルギーの拡大、資源リサイクルなど、地球を次代に安全に引き継ぐために留意すべきことは山積している。問題の指摘を超えて、現実的に世界経済の統御と向かうべき方向を論ずることはあまりにも広大である。このあたりに止めて、足元のわが国の方向性について論点を進めていくことにしよう。

わが国は経済にどう向き合うべきか――停滞の実態と問題

歴史的に世界の経済の歩みを振り返り、わが国経済の停滞の現実を観察してきた。悲観的観察が支配的ななかで、単に経済が成長するのではなく、真に豊かな社会につながるべく、わが国の可能性を考えてみたい。

まずは、停滞の30年間に生じたさまざまな問題点を拾ってみよう。

1．世界的な経済地位の下落

先にも示したが、バブル後30年余、わが国経済は停滞を続けた。このままではさらなる地位の下落が懸念されている。「あまりにも経済」の意識は変わらないままに（それに基づく副作用も変わらないままに）、実態が望ましい成長軌道を回復していない。家計の豊かさを阻み、途上国支援、国際的発言力低下を招いている。

2. 日本的経営の必要以上の後退

停滞に伴い、アメリカ型業績主義が中途半端に取り入れられ、かつて世界に誇れるマネジメント方式が後退した。世界経済の主導が、個人的能力による起業や開発に多く依存することになったことや、コロナ感染が拡がりＩＴを使った自宅勤務など日本的経営の特徴でもある対面による協業が後退したことにも関係している。

さらに、成長停滞に際して企業は非正規雇用を拡げ、非正規労働者が全体の38%にまで達してきた。正社員に比し賃金は低く、環境に応じて解雇される立場の非正規労働者が多くなることは、当然日本的経営の「わが社」意識を希薄化させることになり、社内の人間関係も共同性を薄めることになる。これらの原因は、企業経営のコストダウン志向によるものであるが、正社員で構成される労働組合が自らの雇用と賃金を守るため非正規労働者の拡大を黙視し、広く労働階級の利益を経営側に対し主張してこなかった責任が問われるところでもある。

3. 格差拡大

市場経済は誰にでも参加する自由があり、反面それは競争によってコントロールされているシステムである。競争が特徴であるから、必然的に優劣による格差が発生する。格差が発生しない競争はありえない。格差は、所得格差、教育格差、社会的地位と名誉の格差などさまざまに現れる。

岡三証券の調べによると、TOPIX（東証株価指数構成企業）の株主に対する配当総額は2023年度で19兆円となっており、10年前8兆円と比べると2倍以上になっている。一方、国税庁調査によってもバブル崩壊後、平均給与は30年間ほとんど変わっていない現状が報告されている。

経営層はじめ、裕福な層で所得が増え、貧しい家庭では所得が増えないという格差が大きくなっている。「ほとんどの日本人は中間層」と言われた状況は変化を余儀なくされている。この問題は後述の「政治」課題として取り上げてみることにする。

4. 企業不祥事の多発

企業は利潤を拡大していくことの本能的意思をもっており、これが経済成長の源泉ともなっている。手段を問わない利潤追求が経営の不祥事につながり、それが発覚してトップがメディアを通して平身低頭する光景は珍しいことではなくなっている。企業倫理の基本（顧客・一般社会を含めて関連するところに貢献する。貢献した結果として利潤が拡大する）を失い、倫理に反しても最終利潤を拡大しようとする経営の腐敗を招くことになる。

このような経営の意識は、社内においても従業員に対する配慮を欠き、ハラスメント行為にもつながりかねないものをもっている。

まだまだ挙げられる問題を含んでいると思われるが、思いを正して、わが国経済の向かうべき方向を前向きに考えていくことにしよう。

われわれは「あまりにも経済」の副作用を警戒しつつ（これについての考察は第3章の課題として取り上げる）、現在の問題点を克服していきたい。経済先進国としての良きリーダーシップを発揮して世界に貢献でき、安定的な成長を可能にする方向性を考えていくことにしたい。

わが国経済が進むべき方向への試案　①日本的経営の修正活用

経済が発展する、貢献するということは、取りも直さずその分野で卓越性を発揮できる、強みを持つということが必須である。その故に、わが国の強みは何か、どうすれば強みを育むことができるか、の観点が大切になる。

かつてわが国が世界の注目を集めた時の強みは、すでに述べてきたように、日本的経営においては、経済を機能的に追及する働きのなかで、人間同士の人格的つながり、共同体としての特徴をもっていることであった。上から下まで「わが社」意識をもち、人格的にもつながる協働が強みであった。みんなで知恵を出し地道に仕事に反映させ、経済的成果を高揚させたのであった。

時代が変わり、強みを発揮する環境が変わっても、人格的にもつながって協働する強みは、人間にとって共同体のよろこびにつながり貢献意欲につながることは変わらないものがある。一見不合理にもみえる生活支援制度（結婚手当、児童手当、通勤手当、育児休暇、傷病休暇など）の持続は強みを維持する。

このような日本的経営の強みは、必ずしも先端技術（ＡＩなど）開発には結びつかないかもしれないが、先端技術を活用してみんなで卓越した成果を実現することには結実するであろう。先端技術開発はわが国の得手でなくすでに周回遅れになっている。それを追うのではなく、それを導入・活用して協働の強みを得手とするべきであろう。製造においてはもちろん、サービス産業において一段の努力が求められる。各企業が広く経営方針に採り入れ、共同体意識のユニークな強みを活かすことが機能的有効性にも寄与すると考える。

業績主義の流れは、従来の日本的経営における年功序列制を変更しなければならないであろう。しかしながら、上下の限度を心得て（ドラッカーは、トップの年収が従業員平均年収の10倍であることを示唆したことがある）決定されていく必要がある。かつての日本社会は、オール中間層と言われたほど格差が少ない社会であった。経営トップが貢献しようとする最大の動機は報酬であるとは思えない。報酬も相当額は得ているのであるから、事業拡大の達成感、威信や支配的地位などが優先していると思われる。従業員平均給与の100倍を越すような報酬事例があることは決して好ましいものではない。

格差が大きくなってきた状況は、株主配当拡大、トップ層の給与や業績連動給付で富裕層が富を集め、一般従業員の給与抑制（実質賃金ダウン）に加え、非正規労働の導入拡大が指摘されている。日本的経営を修正していくにしても、「わが社」意識は重要であり、非正規労働の雇用を抑え正社員の範囲を拡げることが望まれる（当然パートなど、非正規の一定の必要性は残る）。

日本的経営の強みを生かすためには「わが社」意識の維持と高揚は不可欠なものである。

わが国経済が進むべき方向への試案　②強みある産業の強化、起業の支援

わが国が今も世界レベルで卓越性を誇る自動車産業や、先刻まで世界のリーダーシップを発揮していた電機産業、精密機械産業において卓越性を取り戻してほしい。ＡＩの活用や行政の国際的支援も不可欠な要因となる。上述した日本的経営の強みを引き出すことで可能性が大きくなる。

さらに、世界にあまり例のない業種である総合商社の活躍も待たれるところである。従来の輸出入で活動はもちろんであるが、起業支援における資本参加を含むリーダーシップが大切に思われる。リスクがあっても挑戦的・積極的な姿勢は、わが国企業や起業に思いをもつ個人のサポートにも資する期待がある。もちろん行政も、起業などリスクへの挑戦を支援する政策が望まれる。日本的経営と日本人の弱みともなっている現実を改善して、出る杭を支援する行動につながるものとなる。

わが国経済が進むべき方向への試案　③ユニークな平和産業による貢献

わが国は、後述の「政治」でも取り上げるように、平和・安全・文化・医療などの分野で卓越したユニークな貢献ができ、わが国経済にもプラスになると考えられる。それはＳＤＧｓの推進とも重ねることができるが、ここでは環境保全のための産業、観光産業を世界でも卓越した営みとして検討してみたい。

わが国は唯一の原爆被害を経験し、高度経済成長期の公害問題や自然災害にも当面してきた。これらの辛い経験やそれを克服しようとする姿勢は世界に卓越して貢献できる可能性を秘めている。政治的対応も重要であるが、民間経済においても公害防止や災害対応機器を開発し国際市場に広く送り出す力量が試される。機器というハードに加え、経験で培ったソフトの提供はわが国産業の強みとして期待できると思われる。

また、円安に乗じて外国からの観光客が訪日し、わが国経済にプラス効果をもたらしている。全国にまたがる観光資源の豊かさを活かし、平和・安全の評価に加え、わが国特有の暖かいおもてなし（ホスピタリティ）を提供できる。諸外国からの観光客を通し、文化交流・人的交流を通し、マクロには世界平和にも資することになることが期待される。

ここまで、社会や個人にとって関心の高い「経済」の流れを観察してきた。私たちの生き方、人生道場を見つめるために重要な視座でもある。世界そしてわが国経済の歴史と現在を概観してきたので、ここからは「政治」のファクターへと視座を移していくことにしよう。

第2節　政治を巡って

第二次世界大戦後の国際関係――戦勝国と敗戦国

１９４３年にイタリアが、１９４５年にドイツと日本が相次いで連合国に降伏し、第二次世界大戦が終結した。20世紀に始まる大きな流れの出発点である。

1945年、ヤルタで行われたアメリカ・イギリス・ソ連の合意が行われ終戦が実現したが、直後に東西分断が始まる。

日本の支配下にあった朝鮮は1948年に北と南に分かれて独立、中国では蒋介石に勝利した毛沢東が1949年天安門で建国宣言した。ヨーロッパではドイツが東西に分けられ、ベルリンは東西を分ける壁が構築された。このようにして、諸国はアメリカを盟主とする西側とソ連を盟主とする東側に分断されていく。東西冷戦の開始である。

現在東側の盟主は中国に代わっているが、1950年当時中国のGDPはソ連邦の半分にも満たなかった。西側についた蒋介石は戦争に敗れ台湾に退去することになる。ドイツ、中国、朝鮮などにおいて同じ民族が東西陣営に分かれて分断されることになった。わが国はイタリア、西ドイツと共に、挙げて西側陣営に属することになった。

東西冷戦に伴う朝鮮戦争

1950年、北朝鮮が武力を使って国家の統一を目指し韓国に攻め入ったのが朝鮮戦争の始まりであった。国際連合は北朝鮮への制裁を決定、アメリカ軍を主体とする国連軍を派遣した（総司令官ダグラス・マッカーサー）。仁川奇襲上陸に成功した国連軍は北上、これに対し、隣接する中国が義勇軍を送って北朝鮮を支援、一進一退の攻防の後38度線を境界として１９５３年休戦協定が結ばれた。協定は未だ終戦、和解でなく、休戦状況が続いているのであり現在も世界平和の大きな重しになっている。同一民族同士の分断は、北朝鮮と韓国の争いではあるが、マクロに見れば東西冷戦の継続が招いた不幸であるということができるであろう。

西側陣営、特にアメリカに依存していた日本は、戦争維持のための特別需要が到来し、半島の不幸を尻目に経済復興の機会となったのであった。現在では、西側陣営として韓国と親密なわが国は、北朝鮮のミサイル攻撃に対応する防衛準備や拉致問題など北朝鮮とギクシャクした関係を強いられている。

東西冷戦に伴う代理戦争

核兵器はじめ威力ある軍備が東西で強化され、両陣営の主力が直接戦うならば人類の滅亡すら予測されるなかで、利害が対立する国々でいわば代理戦争ともいえる事態が起こってきた。その国の軍事勢力を当事者として戦わせながらも、強国が後ろ盾として支援する戦争である。上記の朝鮮戦争も韓国軍の後ろ盾としてアメリカ（国連の名の下に）と、北朝鮮の後ろ盾となった中国との代理戦争の様相も呈していた。

その後、ベトナム戦争、アフガニスタン戦争などが大きな戦争となった。その他、コンゴ、アンゴラ、カンボジアなど枚挙にいとまない戦争が行われている。アメリカとソ連との直接対決で世界が緊張したのは、ケネディ、フルシチョフがぎりぎりまで対決したキューバ危機であった。もしソ連側の撤収がなければ第三次世界大戦の勃発にまで及んだかもしれない。

大国同士の直接戦争は武器の強力化によって人類滅亡のレベルを危惧する緊張感が漂った事件であった。東西冷戦による現場の緊張を象徴する戦争や事件であった。

社会主義国家の計画経済の限界と市場経済化

1917年ソ連においてレーニンを指導者とする革命が成功し、ロシアはマルクス主義を信奉する国家となった。その経済体制は計画経済であった。計画経済とは、国家によって一国の経済活動が管理統制され、生産、流通、分配を集権的な中央計画によって決定される。生産手段は公有化され労働賃金も中央計画によって決定される。

計画経済の下では、需給も統制され無駄がなく、賃金格差も少ないと合理的に説明されてきた。マルクスの言う、資本家による搾取のない労働者支配の理想が込められた。所有と分配の不平等が生じない理想が主張された。

しかし現実はその実現を許さなかった。競争がなく、あるいは緩やかで組織の生産性意欲が促進されず、労働者も同じような賃金では勤労への意欲が湧かなかったからである。しかも、中央計画を担当する者が国家全体の需給を適切に決定することは現実的でなかった。収穫が予想以上であっても輸送力の計画が十分でなく、腐らせてしまうような事態も生じたといわれる。誤算や生産のムダが生じてしまい、生産者も上から与えられた仕事を単純にこなすのが通例で無責任体質が露呈するのであった。

このようにして、マルクスが主唱した社会主義計画経済は理想を実現することがなかった。ある意味、利己を捨てることができない人間の限界を示したものであり、人間の利己を刺激する市場経済の有効性が現実であることを証するものとなった。世界の経済体制はほぼ市場経済になっているが、反面利己に基づく原理は当然万全のものではないことも理解しておかなければならない。

西側の勝利とアメリカ一強の世界

先にも記述したように、ソ連などが採用してきた社会主義計画経済が事実上崩壊して、市場経済によって経済発展を遂げてきた西側の勝利、西側の盟主というべきアメリカによるパックス・アメリカーナと呼ばれる現実が到来した。1989年地中海マルタ島で開催されたアメリカとソ連による首脳会議がその象徴であった。ブッシュ大統領とゴルバチョフ大統領が東西冷戦を終結させ、世界の緊張を緩和するものであった。ソ連は「鉄のカーテン」を引き上げ交流を意図し、アメリカはゴルバチョフ指導によるペレストロイカを支持する内容が含まれていた。

ゴルバチョフは次のように述べた。

「世界は一つの時代を克服し、新たな時代へ向かっている。我々は長く平和に満ちた時代を歩き始めた。武力の威嚇、不信、心理的・イデオロギー的な闘争は、もはや過去のものになった。私はアメリカ合衆国大統領に対して、アメリカ合衆国と戦端を開くことはもはやないと保証する」

ブッシュ大統領はこれに応え、

「我々は永続的な平和と、東西関係が持続的な共同関係になることを実現することができる。これはマルタで、ゴルバチョフ議長と私がまさに始めようとする未来の姿だ」

と応答した。

このマルタ会談は世界に緊張緩和と安心を与えた。しかし、世界の現実はこの安心を長く続けることはできないことになる。

グローバリゼーションの浸透

世界は冷戦終結の下に経済を中心とする国境なき活動（グローバリゼーション）拡大へと進んだ。

かつてピーター・ドラッカーが１９６９年（もう50年以上前、マルタ会談より20年も前）、『断絶の時代』を著し、今までと連続的でない四つの分野を挙げた。技術の画期的な進化、知識社会、非営利組織を含む多元的組織の活躍、そしてグローバリゼーションの到来であった（ドラッカーはグローバリゼーションという言葉は使わず、ワールド・エコノミーという言葉を使った）。経済は、基本的に機能的なもの、合理的なものである。ドラッカーは市場経済を支持し（資本主義ではない）、それが世界のシステムになること、そして市場経済活動は国境を越えて拡大していくことを明言したのであった。

現実に、鉄のカーテンが無くなり、中国なども市場を開放することによって、経済合理性を求め、有力企業にとっては最も有利な場所で経済活動を割り振ることが課題となった。中小企業であったユニクロが柳井社長の迅速な判断で、当時労働賃金が格安であった中国などに生産を持ち込み、品質の良い商品を安価で売り出して成功し、今では日本を代表するまでの企業に育て上げたことはホンの一例である。

グローバリゼーションは、それぞれ研究、開発、生産、流通、消費の過程において、世界のどこで行うのが最適か、という観点で進化し、国境を越えた投資や技術指導等で発展途上国の経済にも貢献し、相互発展を期待できる場面も広がってきた。

中国の発展

グローバリゼーションの進展のなかで、大きな恩恵を受けたのが中国であった。市場経済が有効性を示し計画経済の劣位が見えてくるなかで、社会主義国家の中国は、鄧小平が1978年「改革開放政策」を発表し、いち早く市場経済を採用し「社会主義的市場経済」に転換を宣言した。経済特区の設定や外国資本の投資を促進するなど、市場経済のメリットを採り入れようとするものであった。鄧小平は「先富論」を掲げ、「先に豊かになれるものは先に豊かになってよい」という市場経済の原則を唱え、「大釜の飯を一緒に食う」という毛沢東以来の平等主義からは舵を切った政策であった。

安価な賃金、優秀な労働力を世界に訴求した中国は、世界の工場として大きな経済成長を実現し、14億人口の需要力もまた世界の大市場として各国が重視することになった。

中国のGDPは市場経済に転換以来、40年余りの間に30倍以上の成長に成長した。その間わが国の経済成長は約4倍、2010年には中国GDPはわが国を抜いて世界第2位となり、今や「失われた30年」の日本（1980年代はわが国も成長路線に留まっていた）の5倍以上の規模に成長している。

経済力の発展はやがて世界第1位のアメリカを凌駕するのも近いといわれ、一帯一路の設計や、諸外国への投資・融資・支援などを拡大して世界でのプレゼンスを大きく高めてきている。

このようにして、中国の発展とともに、1989年マルタ会談で確認された東西冷戦の終結、緩和の期待は損なわれ、世界は再び東西冷戦の緊張に覆われてきている。かつては東側を代表したソ連に代わり、中国が代表格となり、アメリカを代表とする西側と対決の様相を示してきている。

グローバルサウスの台頭

昨今注目されるグローバルサウスとは、インド、インドネシア、タイ、フィリッピン、ブラジル、アルゼンチン、サウジアラビア、エジプト、ケニア、南アフリカなどを含む主に南半球に位置するアジア、中南米、アフリカ地域の経済発展途上国の総称である。近年、経済的にも人口的にも拡大が予想され、多くは民主主義国家と強権国家のどちらにも明快に与せず、中立的立場を維持して両陣営から有利な条件を引き出そうともしている。ウクライナ侵略を巡って、西側寄りの立場（ロシアを非難、ウクライナ支援）、東側寄りの立場（ロシア寄り、武器供与も）、そして中立的立場の国々は人口比でほぼ3分の1という調査もある。グローバルサウスへの期待として、両陣営の中継ぎ役として平和や安定に寄与することが望まれる。

冷戦時代においては第三世界とも呼ばれることがあった。もともと、経済が発展した北半球に対し経済の遅れが目立つ南半球、という区別がされてきたが、グローバルサウスが主に位置する南半球の国々の発展によって状況が変わってきた。

グローバルサウス内部の問題としては、急速な経済発展に伴う貧富の格差、大気汚染や水質汚濁、森林伐採などの自然破壊も懸念されている。政情不安や人権問題も懸念のなかにあり、国連のＳＤＧｓに沿って文字通り「持続可能な開発目標」が守られることが課題といえるであろう。

少なくとも、中国やグローバルサウスの経済発展により、アメリカ一強の時代は終焉を迎えたことは明白である。

人類の危機的状況

ソ連によるウクライナ侵攻、イスラエルとパレスチナとの紛争を経験し、世界中を巻き込む戦争が危惧され、核を含む取り返しのつかない危機も故なしとしない。殺戮を生む内戦も消えることがない。

ウクライナ侵攻に伴う東西の対立は、グローバリゼーションの進展を阻み、分断の現実を露呈してきた。経済、政治、文化、共同における期待が萎んでしまっている。これだけ技術が進化し、考えられないほどの素晴らしい商品やサービスを享受することができるのに、権力や威信を巡る人間の危うさは21世紀の今日も果てなく変わることがない。

人間の倫理と自制が危機を克服していくことができるのであろうか。人間存在や政治に突き付けられた人類の課題である。

世界の政治的課題への対処——国際連合

人間や国家の利己的行動が現実である罪の世界にあって、どのように対処すべきなのであろうか。

人間の善の部分が培ってきた価値観の共有に基づく組織の構築や活動が期待されるところである。まずは国際連合の強化であろう。国際連合は１９４５年（終戦の年）活動を開始した国際機関である。世界の安全保障、経済・社会・文化などに関わる国際協力を目的とする。加盟国は約２００国、国際連合憲章が定められている。

総会、安全保障理事会、経済社会理事会、国際司法裁判所などの基本機能をもち、よく知られている機関として、ユニセフ、世界食糧計画、難民高等弁務官事務所、貿易開発会議、国連大学などがある。国連との連携をしつつ活動する専門機関としては、国際労働機関、ユネスコ、世界保健機関、世界銀行、国際通貨基金などが国連ファミリーといえる活動を行っている。２０１５年に国連総会で採択されたＳＤＧｓも世界が目指すべき目標を17の分野で制定し世界で浸透が進んでいる。

このようにして、国際連合は、過去の戦争や多くの課題に世界が協力して対処することを目指し、人類の期待を集めた組織として活躍が期待されてきた。

国際連合の問題点

このような期待を背負い活動を続ける国際連合にもさまざまな問題点が指摘されるところである。よく議論される一点を取り上げる。

大きな権限をもち、国連に最も期待されている世界の平和維持に関わる安全保障理事会の問題が指摘されるところである。安全保障理事会は加盟国に実施を義務づける権限をもつ（国連の他の機関は勧告に止まる）。理事会は15カ国で構成されているが、そのうち５カ国は常任理事国であり、10か国が非常任理事国として2年の任期で選ばれる。常任理事国はアメリカ、イギリス、中国、フランス、ロシアであり、この国々は理事会での決定に「拒否権」を有している。1カ国でも拒否権を行使すれば、他の投票結果にも関わらず決議は否決となる。

国連が立派な国連憲章を掲げていても、現実は各国の利害が意思決定に結び付く。特に東側西側の大国利害対立で、世界平和に重要な決議が拒否権で実現しない現実が問題視されるところである。ウクライナ情勢、イスラエル・パレスチナ情勢という緊急事態においても2023年だけでロシアとアメリカが3回ずつ、中国が1回拒否権を行使して決議を妨げてきた。

2023年、非常任理事国の国連大使を務めた石兼公博氏は「責任のなすり合いに甘んじるのではなく、安保理が協力できる共通の基盤を見出すための、より多くの絶え間ない努力をすべきだ」というメッセージもキレイゴトに留まっているのが現実であろう。例えば、常任理事国が拒否権を発動しても、再度投票し5分の4以上の賛成があれば拒否権は無効となる、という如き安保理改革が必要ではないであろうか。

国際連合への期待

現実は上記のような問題点を克服できず、国連無力論が台頭しているが、何といっても世界を、罪ある現実から善に向かう制度や行動に導くためには国連の活力が重要であろう。

安保理の善に基づく決定の促進はもちろん、基本機関や提携する専門機関の活動強化が不可欠である。それは、われわれの社会を構成する、政治、経済、文化、共同の分野における全領域に関わっている。世界を動かす源泉が、利己（エゴ）に基づくものであることが現実の世界を覆っているが、国際世論、経済の全世界的な成長、健康や環境の管理、ＳＤＧｓの順守改善など、人間の善のサイドを促進する働きが期待される。

ニューヨーク国連本部前の広場に掲げられているモニュメントの言葉、

「彼らは剣を打ち直して鍬とし　槍を打ち直して鎌とする。
国は国に向かって剣を上げず　もはや戦うことを学ばない」
（旧約聖書イザヤ書２章４節）

この言葉への期待が現実になることが願われている。

日本の政治

わが国は太平洋戦争に敗れるや直ちにアメリカ陣営に与することになった。

先に、戦後直ぐのＮＨＫニュースが「こんな無意味な戦争に駆り立てられた痛恨を覚えます」と語り、「鬼畜米英」のスローガンがあっという間に置き換えられたことを紹介した。民主主義の政治体制が持ち込まれ、アメリカの影響下１９４７年５月３日「日本国憲法」が施行された。憲法に貫かれた三原則は、「国民主権」「基本的人権の尊重」「平和主義」であり、戦前戦時の政治原則から大きな路線変更であった。

憲法は政治の方向性を、あらゆる法律の基本原則でもある。男女平等、投票による首長の決定、健康で文化的な最低限度の生活保障等々当時の国民には目新しい政治体制が実現した。

国連本部前の碑文

なかでも「平和憲法」と呼ばれる根拠となった9条の設定が画期的であった。軍事強国であった日本の再現を抑制するために、アメリカの思惑が影響していたと想定される。

天皇主権、富国強兵になじんできた日本国民にとって驚くべき転換であった。民主主義をもたらしたアメリカからの影響は大きく、戦後直ぐの書籍ベストセラーは英語教本と聖書であった。敵国言語と禁じられていた英語の普及、そして敵国宗教と排斥されてきたキリスト教ブームなどが事例である。

官民協働による経済発展

先にも詳しく記述したが、日本経済は焼け跡のなかから立ち上がり、戦後のアメリカからの支援も得て1968年には世界第2位の経済力を誇る地位にまで達した。その源泉として日本的経営の存在を中心に述べてきたが、その表裏に政府と民間企業、官民による協働効果にも依存するところが大きかった。

戦後吉田茂内閣の下で産業支援部門を担当した池田勇人は、自ら総理大臣に就任するや「所得倍増計画」を打ち出し、経済界との協働を強化した。政府の経済面での政策は産業界に大きな影響となる。政策には、金融政策、財政政策を含め、雇用や事業支援、インフラ整備、業務委託など多方面にわたり、官民一体となってわが国経済の成長に大きな実績を残すことになった。

「お上」といわれた官庁の役人が接待されて床柱を背負う上席に座し、企業経営者がもっぱらご機嫌を取って有利な条件を引き出そうと宴席を設けることも多かった。行き過ぎて、賄賂がらみの不祥事を起こすなどの事例も発生したが、概して官民一体の経済協働は経済発展に寄与したことは明らかである。

経済政策の問題点と政治的課題

上記のような経済成長期の成功にもかかわらず、政策の失敗も伴って1990年代バブルを発生させ、わが国経済は低迷してきたことは前述した。企業側の課題と対策は先に述べたところであるが、行政としての問題点と対策を考えてみたい。

バブルとその克服に手間取っている間に、世界の経済的流れが大きく変化し、わが国はその対応ができてこなかった。日本的経営をベースに「みんなでヨイショ!!」が成果を発揮してきたわが国高度成長時代は、品質の優れたものを安いコストでつくる製造業がウリであった。世界がＩＴを軸として情報産業に成長の基軸を移しているのに対し、わが国はそれに対処できてこなかった。従来型の製造業の改善を図り、行政もその支援を中心に目を奪われてきた結果、ＩＴ先進のアメリカ、中国などに大きな後れを取ってしまったのであった。日本人の特性、流れに和する態度、出る杭は打たれる状況が、個人が起業していくケースが多いＩＴ先進国に対し周回遅れとなったとも推定される。

民族的特性は簡単には変えられない。ＩＴ開発では先頭集団に追いつくことはできない。先にも示したように開発された先端ＩＴを活用して製造業、サービス業が発展するよう行政の対策が望まれる。活用して起業する個人や組織を支援する政策（融資や保証など）も有効になると思われる。

産業支援としては、わが国に卓越力が認められる業種の支援が大切である。先にも述べたところであるが、環境保護産業、医療産業、観光産業などにドライブがかかり、世界に貢献できる新しい発展を期待したい。

金融と財政

わが国の金利を低位に留める政策は円安を招き、国内物価の高騰を招くことになっている。わが国経済力の弱体化が基本になっている。政府の税収減につながり、国家予算の国債依存度は30％を超える以上水準に達している。国債発行額は中央政府と地方債を合わせると１２００兆円を超え、ＧＤＰ（国が生み出す経済価値の総額）の２倍程度になっている。世界でも例のないたいへんな数字である。

基本的には国際競争力を回復し、円の価値を改善することにある。金融や財政の政策を整え、政策を吟味実践して企業からの税収を増やし、経済発展による個人所得からの税金収入を増やすことが重要であることはいうまでもない。

生活水準

30年余りの経済停滞に伴い生活水準の格差が大きくなってきた。経済の停滞にもかかわらず、株価や土地資産などの高まりが目立っている。株式に関し日経平均でみると、バブル前の最高株価は年末で約3万9000円、バブル崩壊の1992年で1万6900円、リーマンショックの2008年で8900円、そして株主重視が顕著になり、2024年にはバブル前の高値を抜いて42000万円を超えていった。株式保有の富裕層に富が流れている。

わが国のかつての安定は、中間層が圧倒的に多いことで保たれてきた。新自由主義が導入され、非正規従業者が増加し、富裕層と貧困層の格差が拡がることには問題が多い。市場経済が自己利益をベースにしていて、市場経済が基本である以上所得格差の発生は必然である。そうとすれば、富裕層税金のアップ（所得、資産、相続など）によって所得を再分配し格差是正の政策を採用することが必要である。富裕層も、自己の所得獲得による自己満足があり、税金アップへの勤労意欲ダウンは感じることが少ないと推定する。

モデルは、ノルウェー、スウェーデン、フィンランド、デンマークの北欧である。人口小国であるが、幸福度国際比較ではいずれもトップテンを外れることはない。高い所得と高い税金、そして教育費や医療費の無料もしくは低負担である。わが国もこれに倣う環境と可能性をもっていると考えられる。

わが国は現在143カ国中51位に留まっている。人口も1億を超え、経済力も世界トップ5にいるわが国が、社会の安定と幸福感において誇れるようになる可能性はあり得ないだろうか。

教育

日本の教育水準は高く、高校進学率は95%を超え、大学進学率は短期大学を含めると約60%に上っている。

一般に、日本は小・中・高の教育水準は高いが、大学になると欧米に比し評価が低い。入試競争は厳しく、大学に入学するとヤレヤレ、「大学はレジャーランド」とまで揶揄されることがある。偏差値が高い大学に入るためには塾通いが必須、この費用が高額で、富裕層が偏差値の高い大学に入学できるという、格差が格差を呼ぶともいわれている。

この是正は重要、大学に入るのは比較的容易であるが卒業は難しいといわれる欧米型に変えていく必要がありそうである。例えば、偏差値の高い大学の定員を増やし、入学が容易な方向に行くが卒業にはしっかりした勉強を必要にする。評価基準も厳しくする。普通の卒業年数4年の1・5倍（6年が在学限度。現在は8年）、医学系では6年の1・5倍の9年（現在は12年）を最大在学年数として修学緊張感を強化する工夫も一案ではないだろうか。

卓越性の乏しい大学は整理され、厳しく修学を期する総合大学と、美術・音楽・哲学・宗教など専門学科にフォーカスされた大学で構成されるように仕向けていく方向ではないだろうか。

昨今、大学における教養学科の後退が指摘されている。本人の生き方をしっかり考える、リーダーとしての素養を深める、文学・歴史・哲学・宗教などの学びの充実が考えられるべきである。もともと大学がスタートするときは、欧米の歴史では神学部が基本に設置されていたのである。神学や哲学は、教養科目の代表格で「人間はどう生きるべきか」「社会はどうあるべきか」などの価値観を鍛える機会として、大学としても科学を学ぶ基底にある不可欠なものであった。

科学技術の進化をコントロールし、社会や個人の歩みを実りあるものとするために、教養科目の充実が求められる。大きくいえば、戦争回避、ＳＤＧｓの実現、平和への努力などに反映される。昨今身近なところでは、ＡＩの倫理的管理がなければ、大きな懸念が生まれることがとみに問題視されている。市場経済でも促進のテコとなっているエゴのコントロールのために、豊かな価値観の醸成が不可欠である。大学教育の基底として教養教育の充実が望まれるところである。

日本国憲法と平和主義

日本は太平洋戦争に破れ、アメリカの指導干渉を受けつつ、それまでの軍国主義から一変して政治体制や思想を改めることになったことは先にも述べた。現在その存在が議論されるのが憲法９条に代表される平和主義である。ここでは「戦争の放棄」が謳われている。すなわち、

日本国民は、正義と秩序を基調とする国際平和を誠実に希求し、国権の発動たる戦争と、武力による威嚇又は武力の行使は、国際紛争を解決する手段としては、永久にこれを放棄する。

前項の目的を達するため、陸海空軍その他の戦力は、これを保持しない。国の交戦権は、これを認めない。

というものである。これは、世界中どこの国をみても見つけることのできない画期的な平和主義憲法であろう。

その後、東西冷戦が厳しくなり、朝鮮戦争も経験、アメリカはアジアの防衛線として日本を組み込むことに軸足を変えてきた。日本自体も、社会主義強権国家の軍備に面し、「自衛権は憲法9条においても認められる」とする見解になり、当初は遠慮がちに「警察予備隊」と称し、やがて「自衛隊」と名を変えて事実上の戦力を保持する方向をとることになっていった。

日本の防衛力強化とアメリカとの連携

世界を取り巻く環境変化により、軍事費は拡大の実態を示しており、ストックホルム国際平和研究所の発表によると、2023年世界軍事費総額は前年比約7％増の2兆4400億ドル（約380兆円）となっている。飢餓に苦しむ人々が多いなか、殺戮のための軍事費が日本の経済規模の60%以上を占めている現実がある。アメリカ、中国、ロシア、インド、サウジの順である。

２０２４年、日本の防衛費は前年比11%増の５００億ドル（約７・５兆円）を超え、世界の10位となっている（もっと上位になったことがあるが、円安でドル換算額が縮小）。ＧＤＰの１%以内にされてきた防衛費は昨今の軍事情勢緊迫を受けその枠を超えた額になってきた。岸田総理はバイデン大統領との会談で、防衛費の増額、自衛隊と米国インド太平洋軍との連携強化などを表明、民主主義国家のアジア防衛ラインの一員としての意思を明示してきた。アメリカとの安全保障条約の下、陸海空軍の防衛力予算を拡大し自らの軍事力強化の路線に軸足をシフトさせてきている。アメリカの軍事分析専門のグローバルファイアパワーによると、50以上の項目を分析し、日本の軍事力は世界8位としている（２０２４年発表）。

わが国の立ち位置と課題――平和主義に基づく外交

憲法9条を素直に読み、一方で自衛隊の軍事力と自民党政策を見比べるならば、現実はあまりにも平和憲法の精神とは乖離しているというのが常識的判断であろう。自衛のためには、積極的に敵軍への攻撃も辞さないことまで論議されている。国民も、国際情勢の緊迫感を見つめ、なし崩しに防衛力の強化や外交政策に、憲法の拡大解釈を容認せざるを得ない現実に立っていると推測される。

しかしながら、少なくとも憲法に「戦争の放棄」が謳われている大国は存在しない。このユニークな存在である平和憲法を活かし、アメリカ、中国、ヨーロッパ諸国などとは異なる世界への貢献ができるのではないであろうか。民主主義陣営に属しそれを支持しながらも、軍事力に依存しない立場で世界平和に貢献しようとする立場である。核爆弾の被害を受けた唯一の国でもある。

戦後の日本を主唱した吉田茂は、かつて「友をつくって平和を守る」という言を漏らしたという。アフガン国民のために貢献し、遂には銃弾に倒れた中村哲医師は国会での証言で「アフガンに自衛隊が関係することは百害あって一利がない。日本人への平和な人種というイメージが破壊されるだけだ」と述べた。

ウクライナにもガザにも、そのような立場を示していち早く平和を訴え、停戦条件にまで及ぶ外交が世界に貢献でき尊敬を受けることにつながるのではないだろうか。

文化・共同組織へのサポート

社会を構成する四つの要素のうち、経済と行政の側面を、実態の大まかな紹介と課題、これからの道しるべについて述べてきた。これらの基底には、残りの二つの要素（文化と共同）が関わっている。それらとの連携や牽制が大切であることはすでに述べた。

文化と共同を担う組織は非営利組織である。かつてはわが国では非営利組織の活動が貧弱であった。アメリカ社会が様々な矛盾を抱えながらも、非営利組織やボランティアの活動によって支えられている現実がある。わが国でも１９９５年阪神淡路大震災を契機にいわゆるＮＰＯ法が生まれ、寄付税制（寄付額への所得減税）が生まれたことは大きな前進であった。

非営利組織の働きについては第３章で詳しく記述するが、行政、経済との関りも重要であることを指摘しておきたい。

第2章まとめ

社会には四つの働きの要素がある。経済、政治、文化、共同である。この章では、経済と政治の現状を戦後歴史とともに理解し、現在の社会を大づかみに確認することを狙っている。私たちの人生を取り巻く環境を理解しておくことは、人生の歩みを考える上でも重要である。

わが国の経済は、戦後の焼け跡から始まった。しかも資源のない国でありながら、驚異の経済成長を実現し、戦後十数年でアメリカに次ぐ経済大国に登り詰めた。経済というクールな成果追及の企業において、人間のつながりや共同意識が特徴の日本的経営による、世界でもユニークな要素が貢献した。官民協働による「所得倍増計画」にも主導され、「わが社」意識の強固な「会社人間」に支えられた。

この間、人々の価値観が「あまりにも経済」に傾いてしまった。それがバブルを発生させ、長期に及ぶ経済停滞を招いた。同時に、全体の流れに逆らわない風潮が個性や独自性、主体性を欠く問題があった。革新的熱意が世界の経済的成長の主流となるなかで、ＩＴ開発にも乗り遅れ１９９０年代から経済は停滞し経済規模の世界順位を落としている。

世界中が市場経済一色になり、計画経済から乗り換えた中国の経済発展が著しく、イギリスの産業革命、アメリカの大量生産による一強支配は崩れ、強権国家やグローバルサウスを含む多元的競争社会となってきている。

このような環境のなかで、わが国経済は、ＩＴなどの最先端技術の（開発よりは）活用、自動車産業など強みある産業に加え、環境保全産業、医療産業、観光産業などに注力する必要があるであろう。その経営においては、ユニークな日本的経営を修正活用し、世界でも類の少ない共同体としての企業経営を大切にしたい。

わが国の政治は、終戦に伴いアメリカ陣営に参加し、日本国憲法を制定した。憲法に貫かれた三原則は、「国民主権」「基本的人権の尊重」「平和主義」であり、戦前戦時の政治原則から大きな路線変更であった。

民主主義化されたわが国行政は、三原則に基づく政策を進め、官民協働による高度経済成長にも成果を上げた。停滞する経済活性化策、所得格差の是正、教育、女性平等化の推進、教育改革などに多くの課題を残している。

世界が分断され平和が脅かされているなかで、民主主義を掲げ平和憲法を有するわが国がユニークな貢献をすることが望まれる。防衛力を増強し、フツウの国になってしまっている現実がある。平和憲法を活かし、核爆弾被害を受けた唯一の国として、国連への協力、国際紛争への介入を積極的に展開することが、世界平和に貢献し世界から尊敬をも受けることにつながると信じる。

第3章　ホントウの豊かさを求めて　――文化と共同、そして人生

私たちは、政治的・社会的安定のなかで経済的豊かさ・社会的評価・平和な家庭を求めることが一般的願いであり、これを否定する理由は見つからない。しかしながら、これらの願いを超えてその基底に座る大切なものを見逃してはならない。

第2章では、経済や政治の豊かさを考えてきたが、第3章では社会における基底としての役割に関わるセクターである文化と共同について考え、個人の生き方に指針を提示することを試みたい。本書の核心となるはずである。

第1節　非営利組織の働き

文化と共同

文化は、芸術のみならず価値観の核心として働くセクターである。「社会はどうあるべきか」「個人の生き方はどうあるべきか」といった基底に座る内容に関わる。経済や政治の向かうべき方向をも示し規制する。

共同は、人間のつながりであり、互いの助け合い、支え合いの働きに関わっていく。人間は単独では生きることはできず、またそのつながりの内容も重要である。


これらの働きを組織として担うのが非営利組織である。組織が大きな影響力を増し加える社会にあって、それは経済を背負う企業、行政を背負う政府・役所、そして文化・共同の働きを担う非営利組織で構成されている。

おおよそ非営利組織とは、

1. 利潤目的でなく（NPO : Non Profit Organization）、公益に適う独自のミッション（使命、価値観）を持つ
2. 民間の働き（NGO : Non Governmental Organization）

として理解される。具体的に、民間の組織で、教育、病院、自然保護、福祉、

宗教、美術館・博物館、国際貢献などが挙げられる。

このようにしてみれば、経済や政治とは異なるジャンルで社会にとって不可欠な働きを提供するセクターであることが感じられるであろう。

「心の習慣」

19世紀アメリカを旅したフランス人アレクシス・ド・トクヴィルは、『アメリカの民主政治』を著し、キリスト教に基づく自由と共同体精神をアメリカの「心の習慣」として取り上げた。母国イギリスから逃れ、ニュー・イングランドにおいて立ち上げた初期の共同体こそアメリカの原点であって、行政や企業の機能に先行して、「市民」に根ざす共同体精神が存在していたことに刮目した。その精神や行動が社会における先駆的役割を果たしてきたところに、彼はアメリカ民主主義の基軸を見出した。そして、そこに「アメリカにおいてアメリカ以上のものを見た」のであった。この精神こそ、行政や企業から独立して捉えるべき、価値観やつながりに根ざす非営利組織の原点ということができるであろう。

トクヴィルは、ここに行政や企業と異なった不可欠の社会的機能を果たしているとして感嘆の声を隠さず、「アメリカの知的並びに道徳的諸団体ほどに、われわれの眼をひく値打ちのあるものは他にはない」とした。このようにみるならば、筆舌に尽くしがたい植民の困難の中で、一つの理想社会をつくり出そうとした非営利組織の存在は、人間にとっての根源的な必要に基づくものであることが理解できる。

政治学者ロバート・パットナムはイタリアの北部と南部の比較を行い、市民共同体と重なり合う社会資本の充実度に支えられて北部が健全であることを実証した。また後に『孤独なボーリング』を著し、アメリカ社会がみんなで楽しむはずのボーリングを一人ぼっちでプレーしているたとえで表現し、コミュニティの崩壊を示し、「心の習慣」の回復を訴えた。

アメリカを訪れるならば、大富豪と街に溢れるホームレスなど、言いようのない矛盾を抱えている。その現実のなかで、教会やＮＰＯが街に出て、食料や医療、心の寄り添いを果たしコミュニティを支えていることがみえてくる。

ＹＭＣＡ

世界中で、そして日本でもなじみある非営利組織であるＹＭＣＡを取り上げてみよう。

ＹＭＣＡ（Young Men's Christian Association）は１８４４年、産業革命下にあるロンドンで創設された。19世紀のロンドンは、産業革命の発展とともに人口が密集し、青年が農村から発展する大都市ロンドンに職を求めて殺到した。資本家が圧倒的支配階級であり、雇用される青年は過酷な条件で働かざるをえなかった。長時間労働と安い賃金、危険な労働環境、時間ができれば、酒や遊興に身を委ねる不健康な状況であった。

心を痛めた青年ジョージ・ウィリアムズは、同世代の青年たちが過酷な状況のなかで苦しみ、前向きの人生を営むことのできない社会環境を打開することを目指し、志を同じくする仲間と立ち上げたのがＹＭＣＡであった。それは社会を変革しようとするボランティアとしてのチャレンジであった。

市民社会の共感を得てＹＭＣＡの運動は世界中に拡がった。第一回ノーベル平和賞を受賞した赤十字創設者アンリ・デュナンもＹＭＣＡ出身者である。今では世界１２０カ国で活動が展開されている。ＹＭＣＡ活動の盛んな国の一つアメリカでは、最大といわれる規模の展開を続けている。

ＹＭＣＡのミッションは明快である。キリストにおいて示された愛と奉仕の生き方に学びつつ、人種・年代・宗教などの違いを超えて、すべての人びとが全人的に成長することを目指している。キャンプ、ウエルネス（スポーツを通した心身の健康）、国際協力、チャイルドケア、高齢者福祉などさまざまな分野で活動を続けている。創立時の精神を守りつつ、産業革命時とは大きく変わった現代社会、地域社会のニーズに応じて活動を展開しているグローバルＮＰＯである。

わが国におけるYMCA活動

わが国でもＹＭＣＡは１８８０年東京において設立され、現在では35都市に独立法人をもつ公益財団法人である。大学でも36の学生ＹＭＣＡを擁している。最高意思決定は、無給・非常勤のボランティアの参加によって行われ、有給職員とともに、一般ボランティアなどが組織の中心的役割に加わっている。さらにYMCAをサポートするためのワイズメンズクラブ国際協会が存在し、わが国でも2千人規模で活動している。筆者も地元YMCA（同時にワイズメンズクラブ）に属し、マネジメントの知恵を活かして貢献を志し、現在名誉会員に推挙いただいている。

日常はキャンプ、ウエルネス、国際協力、チャイルドケアなど、世界のYMCAと同様な活動を展開し広く市民の生活になじんでいる。阪神・淡路大震災のときには、全国からのボランティアに仕事を振り分け、自由闊達に動けるNPOの力強さを証明した。東日本大震災でも、阪神の経験を活かした手際よい活動を主導し、関係機関との協働を実現した。また、街角に立って募金活動にも精を出した。筆者も若いボランティアに交じって百貨店の前で声を張り上げた経験がある。

東日本大震災で被災した子どもたちをキャンプに招

待し、リーダーとして頑張った20代男性の学生ボランティアの声を紹介しておきたい。

「はじめはキャンパーみんな表情硬く黙りこくっている雰囲気であった。災害のトラウマがあるのかもしれなかった。子どもたちと向き合って一人一人から話を聞き、グループワークに誘うなどコミュニケーションを深めた。バーベキュー、キャンプファイヤー……、子どもたちは素直、だんだん打ち解け笑い声が増えてきた。災害のトラウマを超え、交流のよろこびを分け合うことができた。5泊のキャンプが終わり解散するとき、キャンパー達の別れを惜しむすすり泣きが聞こえた。勉強やお金に代えられない大切なものに触れた思いであった」。

この声からは、経済や名誉では得られない、人間にとって大切な感動を覚える。非営利組織の、価値観と人間のつながりの重さが身に染みるのである。

ミッションが命

個人にそれぞれの生き方があるように、非営利組織にもそれぞれの価値観が主張されている。大学教育を取り上げてみても、文科系とか医学系とか、事業領域の独自性があるし、もっぱら社会的に評価を受ける高度技術教育を目指す大学、宗教的人格形成を目指す大学も存在し多様である。

企業は最終利潤最大化を目指すし、行政は公平な貢献を目指す。これらに比し、非営利組織の目指すところは多様である。独自の価値観と人間のつながりを主張する。独自の考え方、価値観をミッションとして掲げる。ミッションは「使命」と訳される。その使命、信念に沿った活動を展開し、志を共有する仲間のつながりを目指す。

もともとミッションとは、キリスト教の用語から由来している。ミッションスクール（キリスト教主義学校）、ミッショナリー（宣教師）など聞きなれている。ＹＭＣＡもそうなのであるが、ミッションを掲げたキリスト教系非営利組織の事例を紹介していこう。

淀川キリスト教病院の「全人医療」

淀川キリスト教病院は、新幹線の新大阪駅からは徒歩で15分くらいのところにあり、病床数は約600、病院を訪れる外来患者数も多く、大阪東淀川区では随一の規模である。

この病院のミッションは、創立者ブラウン医師によって定められた「全人医療」という簡潔なものである。「からだと、こころと、たましいが一体である人間に、キリストの愛をもって仕える医療」と定義されている。治療には最高度の医療を準備しつつ、なおかつ病める人々の心と魂への配慮をも目指そうとしている。

病院といえば、医者のペースで進められ、患者本位になっていないのが一般であった。検査と薬漬け、データを見て患者を見ない、技術優先の延命治療など、一日でも生命を維持する体の治療（キュア）に集中してきた。この病院は、それを超え心と魂への配慮（ケア）をも目指そうとしてきたのである。

この病院には、西日本で最初に開設されたホスピスがある。がん末期患者さんへの全人的ケアとして開設されたホスピスは、医学的には治療ができない病状の患者さんに、つらい検査や薬漬けにしないで人生最後の時期を、人間としての尊厳と平安をもってその人らしく過ごせることを優先しようとしている。体のことだけではなく、心や魂に配慮した「全人医療」を象徴する医療である。

もちろん、痛みのコントロールなど最新医療技術が施されるけれども、居心地のよい部屋、親切な看護師、悩み事の相談と解決、家族への配慮などが組み込まれている。死というよりは、残された生に焦点が合わされている。自らの死と向き合って不安に満ちた患者には、要望に応じてチャプレンが対応する。

あるとき、もう余命が長くないと判断されていた患者さんが自宅に一度帰りたいと希望した。病院としては、それが命を縮めかねないという危惧をもったが、あえて希望に添うことにした。帰宅から3時間後、病変を告げる電話が鳴った。医師が「しまった！」と思って駆けつけたときには、心臓はすでに停止していた。病院に留めておけば、もう少し生き延びられたかもしれなかった。けれど家族の言葉は感謝に満ちたものだった。「先生、本当にありがとうございました。母の最後の3時間は、かけがえのない貴重なものでした。母は家族を枕元に呼び、一人ずつひとことひとこと別れの言葉をかけ、安心したかのように旅立っていきました」。

病院というところは、医師、看護師、技師など専門職が集まっている。異質のものをもった働きを一つのものにまとめていく、その中心となるミッションが「全人医療」である。その信条に合うかどうかが共通の基準であり、異質なスタッフが同一のものを目指し、それにふさわしい医療サービスを提供しようとしている。

病院の建物が老朽化し、どこか他の地域に行ってしまうのではないかという噂が流れた。地域住民が自主的に5万人以上の署名を集めて行政に提出したという。行政もそれに応え、近隣の公有地を病院に売却、新しい病院が立ち上がった。ホスピスだけでなく、風邪ひきの患者さんにも全人医療を感じていただこうとする姿勢が広く地域住民の方々に評価されたということができるであろう。

病院に限らず、学校、教会、ボーイスカウト、ボランティア活動などの非営利組織は、人間に関わり人間を変えていく。儲けという評価尺度は当てはまらない。どうしても強固な信条がいる。それによって組織に生命が与えられる。それがまさにミッションに他ならない。

日本キリスト教海外医療協力会（JOCS）の「みんなで生きるために」

わが国のような高度医療に恵まれた環境の反面、世界の貧しい国々では下痢や、マラリアで命を失う環境にある。出産や母子の健康管理もまだまだ危険にさらされている。

JOCSは、そのような国々に医師や看護師など保健医療の専門家を送り、健康の維持と促進に貢献しようとしている。また、現地で医療従事者を志す方々の奨学金を広く提供したり、現地プロジェクトに協力したりしている。1960年に設立された、わが国で最も古い国際協力組織の一つである。朝日新聞社会福祉賞を受賞している。

使用済み切手を市民から送ってもらい、マニアに売却して資金を得ていることが一般になじまれているかもしれない。今までに100億枚以上の切手が途上国の健康に役立っている。草の根から草の根へのプレゼントである。

ネパールに派遣された岩村医師が無医村地域の結核患者早期発見のた

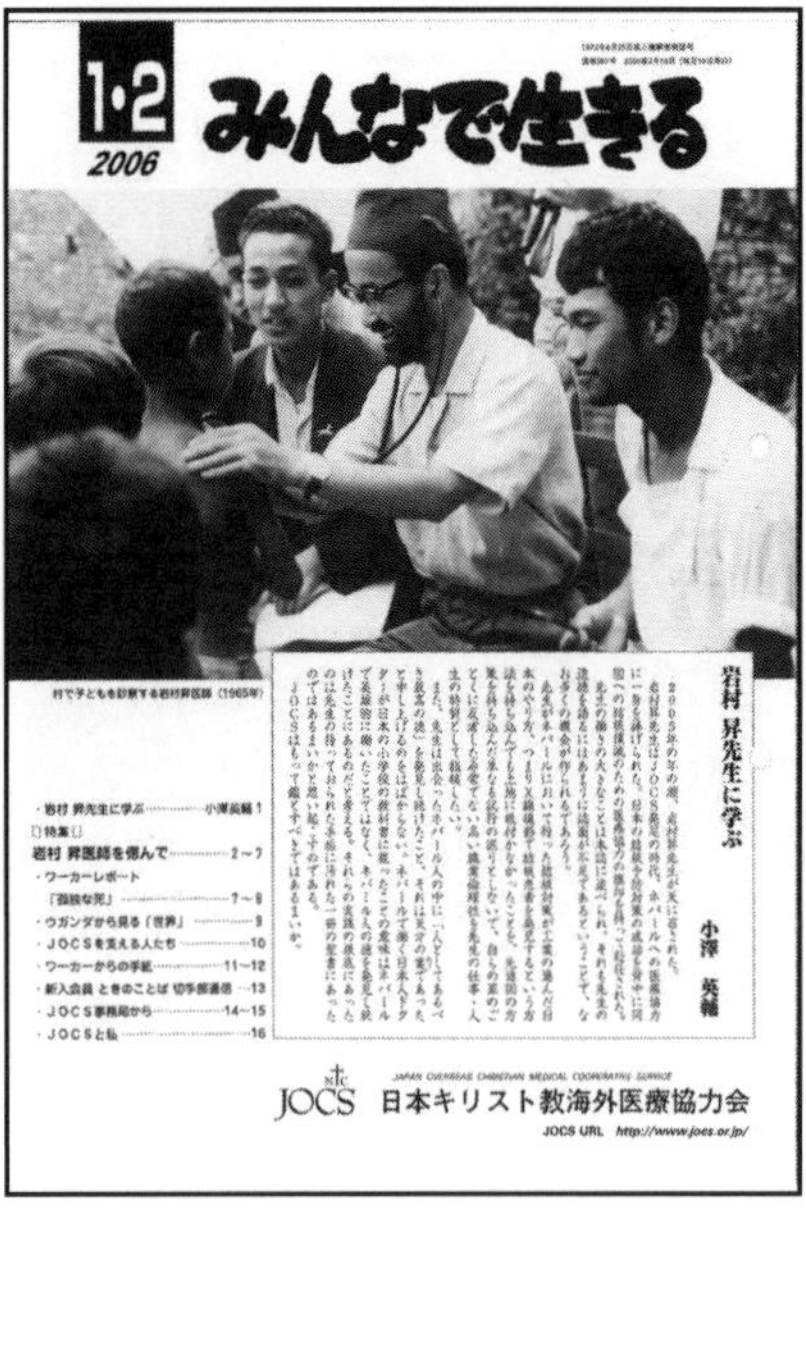

診察する岩村医師

め巡回していたときのことであった。ある村で一人の老婆が倒れていた。病院に連れていきたい、ちょうど通りかかった青年が老婆を背中にかつぎ、3日を費やし病院まで運んでくれた。岩村医師はお礼のため財布を出しかけたらその青年に叱られた。「ドクター、馬鹿にしてくれるな。どんなに貧乏しても俺は金儲けでおばあさんを運んだのではない」と。「じゃあ、何のため」。青年は言った。「サンガイ・ジウナコ・ラギ（みんなで一緒に生きるためだ）」、「俺は若い。長い一生のたった3日間だけ、若さをお裾分けしただけだ」と言って、裸足の青年は去って行ったという。その服はボロボロになっていた。

ＪＯＣＳの機関紙は今でも『みんなで生きる』がタイトルとなっている。

アフガンで凶弾に倒れた中村哲医師もこの組織からの派遣であった。病院での診療活動の任期を終え、中村医師は、病気にならないよう食糧自給が大切と考え、砂漠を田畑に変える仕事を志した。ＪＯＣＳはそのミッションが医療活動にフォーカスされていたので、中村医師は地元博多に組織された「ペシャワール会」の支援を受け、自ら工学やブルドーザー操縦の学びをして現地第一線で指導を始めた。現地の人々に寄り添い、砂漠を緑野に変えて食糧自給に大きな成果を上げたことはマスコミでも広く紹介された。ミッションを新しく設定し命を捧げた生涯であった（ちなみに筆者はＪＯＣＳにおける人間関係から地元で中村医師講演会を催し、満堂で入りきれなかった方々から叱られた記憶が新しい）。

メイク・ア・ウィッシュの「難病の子どもの夢を叶える」

メイク・ア・ウィッシュは難病の子どもの夢をすぐに叶えることをミッションとする非営利組織である。

吉村和馬くんは小さいころから筋ジストロフィーの難病を背負っていた。両親は和馬くんが前向きに生きられるよう、車いすを漕いで阪急電鉄の駅に沿って一駅ずつ家族で歩く旅を実行した。その和馬くんの夢、阪神タイガースの盗塁王赤星選手に会いたいというのであった。「僕は走れないけど、赤星選手の走りはすごくカッコいい！」という憧れの存在であった。

遂に甲子園を目指す日、家族の旅のフィナーレをも兼ねて車椅子のスタートは始まった。スタッフやボランティア、担任の先生や友達、30人を超す応援団に励まされ2時間かけて甲子園にゴールイン。「和馬くんおめでとう」の横断幕が和馬くんを迎えた。そして待望の赤星選手との出会い、マメができた和馬くんの手を握り「がんばった証拠だね」と声を掛けられ、「治ったら、一緒に走ろうな！　一緒に走ったる！」の言葉に胸を震わせた。そして、サイン入りのグローブを貰って満面の笑みを浮かべたのであった。

和馬くんは小学校3年生のとき、作文の最後にこう書いた。

「ぼくは、この病気になって神様から、いろんな宝物をもらいました。それは友達とか仲間です。

病気は治ってほしいけど、筋ジスは、ぼくのトロフィーです」

たった一人のために、「治ったらね。元気になったらね」と言われることの多い難病の子どもの夢を今叶える、そこには子どもの喜びはもちろん、夢を叶えた子どもからの感動が、保護者やボランティア、果てはみんなに拡がるものがあった。お金や名誉ではとても及ばない大切なものが秘められている。経済や政治とは次元の異なった価値やつながりの働き（文化と共同）なのである。

メイク・ア・ウィッシュの大野さん

メイク・ア・ウィッシュは１９８０年、アメリカで発足した。「お巡りさんになりたい」という小児白血病のクリス君の夢を実現すべく、地元の警察官が制服を作り、白バイに乗せて夢を叶えたのが始まりであった。大野寿子はこれに心が反応し、30年間事務局長、理事、（彼女の言葉を借りれば）「種まきおばさん」として仕事を続け、３千人を超す子どもの夢を叶えてきた。

その大野が自ら難病のがんに冒され余命1カ月と宣告されたのは、２０２４年6月のことであった。それでも彼女は前向きで、筆者地元の施設で、最後になるかもしれない講演の舞台を持ちたいと要請があった。7月、多くの方々に支えられながら千葉県浦安から神戸バイブルハウスに到着、1時間の講演を担った。舞台登壇までは椅子に横たわり、話を始めるやシャキッと立ち、病を感じさせない明るさでトークを始めた。難病の子どもが夢を叶え、元気になり、思いやりの心を育むストーリーに聴衆みんながハンカチを濡らした。講演後、夢を叶えてもらった家族と団らん、抱き合って喜び合う姿が見られた。

8月、自宅で家族に囲まれ73歳の生涯を閉じた。自著『メイクアウィッシュ夢の実現が人生を変えた』を3千部増刷、発送終了を確認し、「みんなありがう」の言葉が遺された。

自らからのミッションを生き抜いた生涯であった。

共同の領域

行政は「公」、経済は「私」の領域であるならば、非営利組織は「共」の領域を構成する。

言い換えるならば、「市民社会」を構成するとも言えるであろう。わが国では行政が「お上」と呼ばれるように、共同の領域は軽視されることが多かった。

われわれの社会が、市民主役であると望むのであれば、われわれが「私」の殻に閉じこもることなく、積極的に「みんなの領域、公共」に関わり、発言と活動を担当していくことが大切である。「私」に閉じこもり、「公共」は行政の支配に任せ（選挙権を行使するとしても）、結果について行政の批判をするのみでは、市民社会の主役とはいえない。

ドイツの社会学者フェルディナンド・テンニエスは19世紀末、後世に残る

『ゲマインシャフトとゲゼルシャフト』を発表した。社会は、地縁・血縁などにより自然発生した社会集団であるゲマインシャフト（村・家が典型的）から、利益や目的を明確にした社会集団（企業が典型的）に移っていくことを明らかにした。非営利組織の場合は、目的（ミッション）を明確にしながら人間のつながりを重視する組織である。テンニエスは後年ゲマインシャフトとゲゼルシャフトの統合した姿としてゲノッセンシャフトを付け加えた。非営利組織は正にこの類型に属すると理解できる。

現代が、ドラッカーのいうように、多元的組織社会（多様な組織が社会に大きな影響力をもつ社会）であるとするならば、「公共」の領域で非営利組織を通しての市民活動が不可欠であると思われる。わが国でも阪神淡路大震災以降に「特定非営利活動法人」として法定化され（通称ＮＰＯ法）、現在までに約5万の非営利組織が生まれている。ミッションを固守し、人々のつながりを重視するゲノッセンシャフトとして、さらなる展開が期待されるところである。

ボランティアの風景

阪神・淡路大震災から30年を迎える今日であるが、筆者には忘れがたい思い出がある。早朝6時前、筆者も突然の大揺れに目を覚ました。窓を覗くと裏の実家は全壊、普段見えることのなかった六甲の山々が青い山並みを見せていた。家族の無事を確かめた後、外に出ると塀は崩れ道路脇の自動車を潰し、巨大な石灯篭が道に散乱していた。死亡者は6千人を超えた戦後最大の被害であった。交通機関はもちろん、電気・ガス・水道などのライフラインも崩壊、凄まじい惨状であった。

余震収まらぬ翌朝、動いていた公共交通の最寄駅から歩いて先輩福田重担が、昨日徹夜で準備してくれたというおにぎりや水、ラーメン、缶詰などが詰め込まれた大きなリュックを背負って駆けつけてくれた。食料はもちろんのこと、その気遣いと心意気に感動、気持ちを取り直した。

福田は一息つくや瓦礫の街を見て回り、翌日から獅子奮迅の活動を開始した。被災者が往来する国道2号線を活動の拠点に定め、飲み物、飴、お菓子などを提供し、道行く人は1月の寒さのなか暖かい飲み物に心も温められて一時を過ごしていった。リーダーシップが失われていた行政の対応のなかで、自由に活動するボランティアの姿があった。

福田は取材記者に言った。「モノ優先の社会が神さんの怒りを買ったんですよ。見てごらんなさい。あれだけビルや高速道路が倒れているのに、木は一本も倒れていませんよ。自然というものがいかに強いか、それを教えてくれているんです」。福田の言葉には、社会の歪みに対する哲学のようなものが含まれていた。

人の往来がまばらになるまで福田は働き続け、春の到来を迎えたとき、福田は体の不調を訴えた。仲間の医者が診察、肺のがんが進行しているのが発見された。8月の夏日、福田は逝った。若い日からボランティアを始め、ボランティアで最後を締めくくった64歳の人生であった。

ボランティアって何だ

ボランティア（volunteer）はＮＰＯにとって欠かせない存在であるが、もともとは「志願兵」という意味であった。権力による徴兵ではなく、自らの意思で正義と信じる目的達成のために、命をかけて志願する兵士のことであった。さらに語源をさかのぼると、ラテン語の volo（ウオロ、英語の will）に行きつく。すなわち、自らの自由意思というもともとの意味が理解できる。

ボランティアは、自由意思に加え、無償性，連帯性（あるいは利他性）を特徴とする。経済的報酬はなく、無償で社会のため他者のために貢献しようとする。社会全体が経済の原則で主導されているとすれば、ボランティアはまったくこの原則に反する行動である。自らの意思で提供する時間や能力には、経済的・物的報酬はなく合理・効率にかなう利得はない。ちなみに、どんな優良な企業を訪ねても、ボランティアが無償で働いていることはない。

損得勘定からすれば、まったくプラスのないボランティアの参加動機はどこに見出すことができるのであろうか。人間は損得勘定（それも大きな動機ではあるが）だけで突き動かされているのではなく、自らの意思で社会や他者のために貢献することのよろこびをもつことができる。人間は誰でも、一人で生きることはできず、その関係は損得を超えているからである。いうなれば、損得勘定からすれば全くの赤字にもかかわらず、目に見えないものから来るよろこびや感動が赤字を消し、逆に自らの人生決算を黒字に転換させている。

ボランティアは、価値観（「文化」）を基にしてつながり（「共同」）の世界を創造する。経済や政治の世界に影響し独自で不可欠な働きを担っている。

筆者の体験からしても、働き盛り、多忙な時間（損得勘定によって歩んでいることが多い）のなかで、ＮＰＯに関わり、ボランティアに連なることによって、目に見えない人生のよろこびが実感できた。しかも広い視野をもつことができたと実感している。

企業の失敗・政府の失敗、そして非営利組織の失敗

企業は利潤化拡大を目指して活動する。市場で評価されない事業には手を出そうとしない。利潤が期待できないなら社会における必要性には必ずしも対応せず、逆に規制を縫って環境破壊を引き起こしたり有害食品などを供給するということまで生じる。倫理違反が表面化され、経営トップが頭を下げる場面も珍しいとはいえない。利潤中心が社会にとって問題になる失敗（限界）が存在する。

政府は市場の失敗を規制したり補完したりしようとするが、法的基準が必要

なこと、一律公平の原則があって柔軟に対応でき難いこと、宗教的・倫理的問題への立ち入りは制約があることなど、失敗（限界）の領域が認められる。

そして非営利組織においては、自らのミッションと展開の領域は自らの判断であり、社会全体としてみれば活動に偏りがあったり空白が生じる失敗（限界）が認められる。

それぞれのセクターが完全なものではないという自覚と相互補完が、社会全体として大切という視点を忘れないでいたい。またセクター相互から影響を受け、自らの働きに組み入れることも配慮したい。例えば、日本的経営は合理・効率を原則とする企業にあっても、共同体としての人間のつながりを重視してかつて成長の成果を実現したのであった。

「社会的企業」――スワンベーカリーの場合

社会的企業は、独自のミッションを掲げながら企業形態で経営される。

スワンベーカリーは㈱スワンが経営するもので、パンの製造・販売を事業内容とする。喫茶店を併設する店舗もある。宅急便をわが国で創設したクロネコヤマト小倉昌男が、障がいをもつ人たちの給与が不当に安い現実をみて、障がい者の雇用機会と適切な給与が得られるよう設立した社会的企業である。

店舗は一等地で開業、障がいある人も仕事を学び、第一線で働く現場を確保している。同じパターンの仕事をこなすことでは健常者より優れた能力を発揮することも多いという。雇用機会の提供、仕事技術、適切な給与により障がいある方に自立してもらう、というミッションの下、今日では300名以上の障がいをもつ人が経済的にも自立して働いている。資本金2億円、障がい者に自立できる給与を提供しつつ純利益を計上できる経営が行われている。

企業形態を採用しつつ、利潤最大化ではなく、ミッション実現を優先する社会的企業の事例である。

第2節　豊かな人生のために――おひとり様1回限り

非営利組織からの学び

記述してきたように、われわれの社会が「あまりにも経済」に傾きバランスを欠いてきたなかで、非営利組織の重要性が理解できる。その働きによって、社会が変えられ、社会の主人公である個人の生きざまも変えられていくことが想定される。

大切なことは非営利組織が自らのミッション（使命）を掲げていることにある。目的・信念といえるものが非営利組織存在の意味であり基盤である。個人にとっても同様に、自らの一回だけの人生をどんな信念をもって歩むかが人生の質を決めていくと考える。換言すれば自分のミッションともいうことができるであろう。後に詳しく述べるが、筆者が「人生のタテ軸」と呼ぶ、人生の存在の意味であり基盤である。

そして、非営利組織がそうであるように、個人にとってもミッションを現実に実現していくための前向きの準備と実践が求められる。キレイゴトになってしまっては、社会や人間関係における充実は期待できないことになる。

社会における経済や政治の現実と展望、そして非営利組織のそれを考えてきたが、それらを環境としつつ、個人の問題、本書のメッセージとしての核心に踏み込んでいくことにしよう。

幸福度世界ランキング

先にも少し触れたが、国連による世界の幸福度ランキングは毎年調査されており、各国の人々に「自分にとっての人生に対する評価」を各項目11段階で評価してもらい、「どれだけ自分の人生に満足しているか」の程度を「幸福度」として発表している。もちろん、質問の適切性や各国民の回答特性（客観的に同じであっても、肯定的に捉えやすい特性か、否定的に捉えやすい特性か）など、必ずしも正確であるかどうかは分からないが、大きな参考統計であるとは言えるであろう。

２０２４年の発表によれば、幸福度ランキング1位はフィンランド、2位デンマーク、3位アイスランド、4位スウェーデン、5位イスラエル、6位オランダ、7位ノルウェイ、8位ルクセンブルグ、9位スイス、10位オーストラリア……、と続いている。ちなみに日本は１４３カ国中51位、イギリス20位、アメリカ23位、ドイツ24位、中国60位、ロシア72位となっており、最下位群にはレバノンやアフガニスタンが位置している。

1位のフィンランドは7年連続での1位、2位のデンマークも6年連続であり、特徴的なのは、北欧諸国が常に上位に位置し、トップテンを占めていることである。

経済力が幸福度の最大の要因であるとするなら、アメリカやイギリス、ドイツや日本がもっと上位に来てもおかしくないはずである。幸福感には、それ以外の要因が働いているという推測が可能になる。

筆者が北欧を訪れたとき（特にデンマーク数回）感じたことは、経済力はそこそこあり、貧富差が少ない、税金は高いがそれが社会保障に回されている、教育や医療は無料の範囲が広く、共稼ぎでも保育施設などが行き届いている、という環境であった。タクシーに乗ってもほとんど英語が通用するし、環境に満足という誇りに溢れた会話が交わされた。デンマークでは19世紀グルントヴィ牧師が政治にも関与し、近代デンマークのヒューマニズム思想の先駆けとなり国民全体に目が行き届いた社会が維持されていると聞かされた。ロイヤルコペンハーゲン、玩具ロゴもデンマーク産であり、アンデルセンや哲学者キルケゴールの足跡を訪ねる人々でも賑わっている。

北欧諸国はデンマークのような環境が類似しており、行き届いた生活環境、保護された自然環境、プロテスタント教会員としての宗教的安定感も幸福感に寄与していると推察された。

「満足を目指す欲求」の研究

アブラハム・マズローは１９５４年『人間性の心理学』を発表、人間を究極的に支えているものは何か、について明らかにした。

彼によれば、人間の欲求には５段階の階層があり、低位の欲求が満たされることによって順次中位・高位の欲求へと進むとした。その段階は図表の通りである。

生理的欲求とは、衣食住など生存を維持するための基本的欲求である。戦後食糧が乏しいころ、都会の人々は食料を求めて地方への買い出しに行くため、他人を押しのけて我勝ちに列車に乗ろうとした映像が残されている。マナーなんて言っておられない必死の風景であった。

安全欲求とは、生理的欲求が安定して得られるという安全・安定への欲求である。安定した雇用や社会保障がそれに当たる。労働組合の役割でもある。

第三段階の帰属欲求は、集団のメンバーであることや友情・愛情を求める欲求である。誰でも一人では生きていけない、居場所が必要である。日本的経営にはそれがあった。

第四段階の承認欲求は、自らの存在や達成が周囲に認められること、自尊の欲求を意味する。筆者も課長に昇進したときがすごくうれしかった。「課長」と呼ばれ、経費も予算内で自由にできる権限ができ、会社から認められた気分になったのであった。

最高段階の自己実現欲求は、自己の価値観に沿って能力を発揮、創造と努力、その実現を願う人間ならではの欲求、文字通り自己を実現しようとする欲求である。ミッションの達成といってもいいかもしれない。

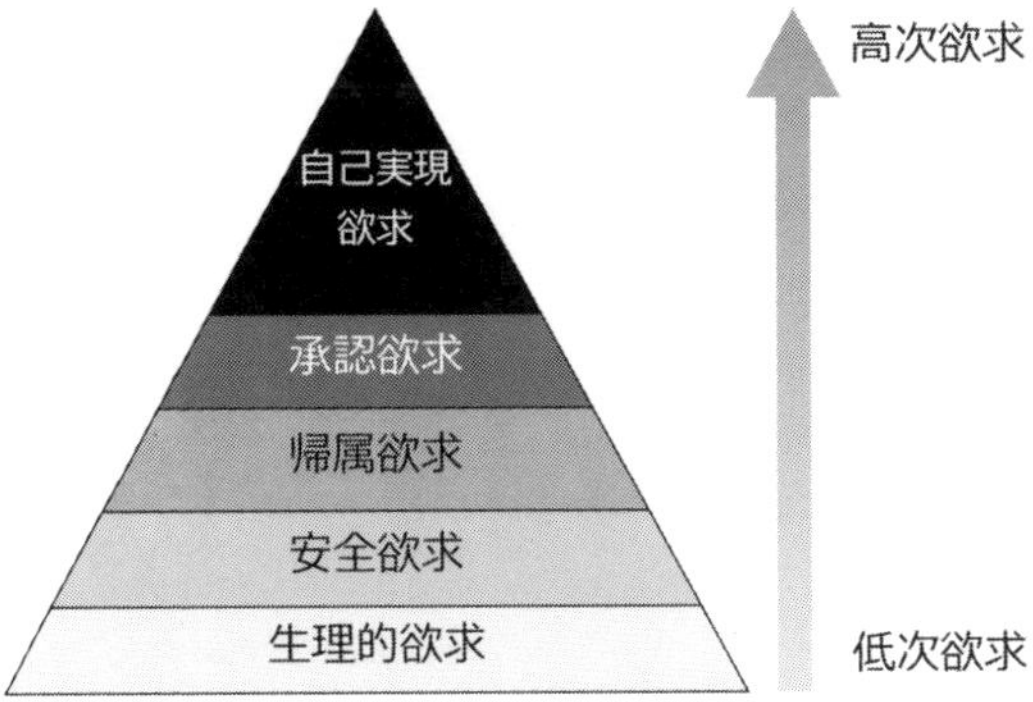

マズローの欲求５段階説

マズロー学説には批判もある。人間の欲求は必ずしも低位から中位・高位の順には進まない。例えば、ガンジー、キング牧師、マザーテレサなど、生理的・安全欲求の危険にもかかわらず、いわば自己実現のための言動に走ったのである。

しかしながら、マズロー学説には一般的な場合妥当する真実も理解できるし、経済的豊かさだけでは決して人間本来の満足には届かないことや、富への過度の執着により反って人生が貧しくなる現実もしばしば観察できる。

それではマズローの言う自己実現とは、自分にとってはどんなことなのか、少し深みに立ち入って考えてみよう。

人間って何だ

難解な哲学者の見解もさりながら、筆者は自らの研究である経営学のグルー(師)とも言われるピーター・ドラッカーの見解に学びたい。ドラッカーはナチスの暗雲が覆うなか、オーストリア、ドイツなどに住まい、反ナチスの論陣を張った。ナチの迫害を避けアメリカに移住し、1939年『経済人の終わり

――新全体主義の研究』を発表した。資本主義も社会主義も下層中流階級や農民に不満をもたらすなかで、絶望的な環境にある彼らの支持を得て、ナチスは経済的考慮に基づかない社会（全体主義）を生み出したと分析する。そしてドラッカーは、「物質だけが人間社会を規定するという考えは、たいへんな間違いであって、物質は人間生存に必要な一つの極にすぎない」という所信を明らかにする。

1942年『産業人の未来』を発表、日独伊の三国同盟による全体主義との第二次世界大戦の最中、戦後の自由社会を構想した。ドラッカーは社会や人間にとって最大の価値は「自由」と主張する。自由とは、なんでも好きなことをする解放ではなくて、「責任ある選択（responsible choice）」であるとする。一人ひとりの人間が自らの行為について自ら意思決定を行い、結果に責任をもつことである。自由を蹂躙する全体主義は到底容認することはできないのであった。

そしてドラッカーは、自由が人間のあるべき姿であり、

ドラッカーと対話する筆者

基盤となるものはキリスト教の人間観であり、「弱く、罪深いもの、……でありながら、神のかたちにつくられ、自らの行為に責任をもつものとしての人間である」とする。すなわち、与えられた生命と環境のなかで、絶対なるものから委ねられた自らのミッションを発見し、その言動に責任をもつということである。

ドラッカー経営学の抜きんでた魅力は自由を重視する哲学に根ざしている。学説は企業の利潤拡大のための手法と解されている向きもあるが、それを超え、産業社会が自由に寄与するという価値観に基づいて展開されているのである。

責任を回避する人間の現実

旧約聖書のアダムとエバの物語は広く知られている。天地創造に当たって神は人を創り、エデンの園に置き、エデンのどの木の実も取って食べてよいが園の中央にある善悪を知ることのできる木の実だけは食べてはいけない、と命じられていた。人間が神と同じ立場に立とうとする思い上がりを封ずるためである。しかしその実は極めて美味しそうに見え、蛇にそそのかされてエバは取ってそれを食べアダムにも食べさせた。

神がアダムをとがめたのに対し、アダムは「わたしと共にいるようにしてくださった女が、木から取って与えたので、食べました」と弁解し、女（エバ）のセイにして責任を逃れようとする。責任を押し付けられたエバは「蛇がだましたので、食べてしまいました」と蛇のセイにする。共に自らの決定の責任を認めることなく、他のものの責任に転嫁している。

「責任ある選択」を回避し（本当の自由を失って）歩む本性を創世記は人間の逃れようのない罪（原罪）と記述していると思われる。そして、エデンの園から追放された「エデンの東」こそ、責任ある選択を逃れる人間世界の現実を示唆していると理解できる。

自由からの逃走

エーリッヒ・フロムの『自由からの逃走』（１９５２年）も世界中で読まれているロングセラーである。

フロムは、親子の関係、家や地域との関係を第一次的絆とし（テンニエスのいうゲマインシャフト）、社会的発展はこのような本能的制度的なものから次第に解放され、自我や個性の成長を展望した。人間はこのことによって主体性と責任性を備えた「私」への第一歩と考えた。これを「～からの自由」と呼び、制約からの権利を意味する内容を含んでいた。加えてフロムは、「～からの自由」を超えた「～への自由」を主張した。ドラッカーの主張する「責任ある選択」に似て、人間のホントウの生き方を目指すことである。

第一次的絆からの解放は責任を伴うものであり、「責任ある選択」が重荷となる者にとっては「～への自由」への道も重荷になることになる。アダムとエバの事例が人間の現実であるとするならば「私」であることを避け、不安や不安定から救い出してくれるような環境に無条件に服従しようとする誘惑が生じてくる。それが「自由からの逃走」（ホントウの自分から逃げてしまう）である。フロムは、ナチに迎合し全体主義に傾いていくドイツの状況も「自由からの逃走」であると解した。

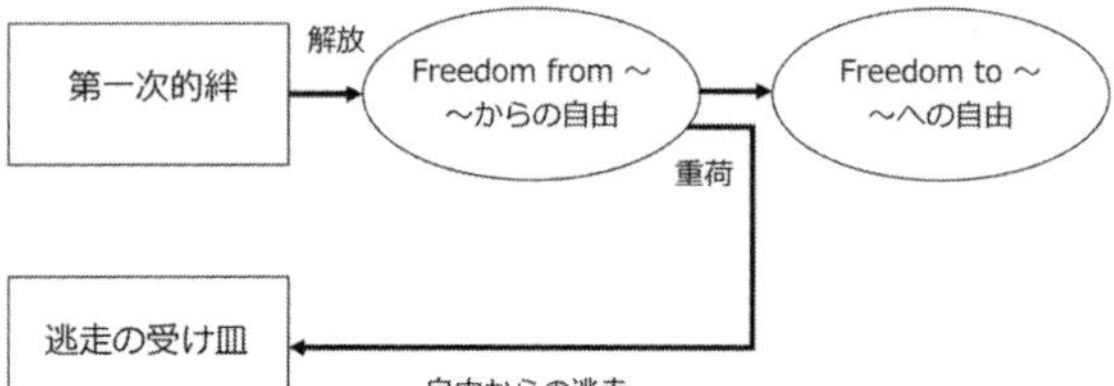

逃走の受け皿――日本的経営

全体主義による戦争に敗れ、アメリカの方針によって日本社会は大きな変動に直面する。天皇中心の国家主義が崩れ、国民主権の環境に移されていった。家や村の制約も大きく緩和し、フロムのいう第一次的絆から解放される展開となった。「～からの自由」が現実となっていった。

この機会に「～への自由」の機会が開かれたのであったが、残念ながらこの王道を選び取る歩みにはならなかった。全体主義に疑問をもっていたとしても、その体制に抵抗なく従うことによって（「私」を失って）ある意味ヌクヌクした環境があった。「～からの自由」が実現したとしても、従来の絆から脱皮し主体的な責任をもって「～への自由」へと進む動力は生まれなかった。

日本人の特性には「甘え」があることを前に示した。天皇中心主義（国家が第一であり、「私」という主体は軽視か無視される）に、ある意味甘えていたものが、戦争が終わり、にわかに「私」を基軸にする歩み（「～への自由」）を選び取ることはできなかった。流れに組し「自由からの逃走」をする方がラクな選択であった。

この逃走の絶好の受け皿となったのが日本的経営であった、とするのが筆者の見解である。

「甘えの構造」をもつ多くの日本人にとって、「〜への自由」へのチャレンジをするよりは、国家という集団から日本的経営という集団に「私」を埋没させることがラクな選択であったのである。それが世界でもユニークな日本的経営の確立につながったと想定する。

そして集団優先の心情による滅私奉公、会社優先が、世界に冠たる経済成長につながっていくのである。資源のない日本が、戦争でもかなりの抵抗力を発揮したのと重ね合わせることができる。

厳しくいえば、個人が自分自身であることをやめることによって（第2章で記述したように、日本的経営には経済機能を超えた共同体が存在することによって補完され）経済においても一時期大成功を収めたと想定する。

このようなラクな選択をしていても（いや、ラクな選択をしているからこそ）、われわれは心のどこかで、生き方にもの足りなさや不安を感じることがあるはずである。「〜への自由」を放棄するとき、それは真の豊かさへの道を放棄することにつながっているからである。

そうした不安は、フロムがいうように、「毎日の型のような活動、個人的または社会的な関係においてみいだす確信と賞賛、事業における成功、あらゆる種類の気ばらし、〝たのしみ〟〝つきあい〟〝遊覧〟などによって、おおいかくされる」のではないであろうか。

「私」を回復すること、筆者が1986年著『日本的経営の再出発』でも指摘した課題であり、今もそのまま個人、社会、経済発展のための課題として問われていると考える。

to Haveとto Be

われわれの関心は今も経済の豊かさに注がれている。すなわち、to Have（もつこと）の豊かさである。国政選挙でも経済の実績が良くなければ多くの支持が得られない。豊かさや幸福感を感じることについて、to Haveの重要性と限界は先に考えてきた。一定の経済レベルを達成した今、むしろ脇役に追いやられてきたto Beについて思いをめぐらすことが身近になっている。カネでは買えないものへの思いである。

先に幼少のころの経験、クリスマスを祝う教会でチョコレートをせしめたこと（to Have）を書いた。しかし同時に、セリフのない羊飼いとして参加するなかで、クリスマス物語が目に見えないもの（to Be）の大切さを幼心に植え付けてくれたのかもしれなかった。

社会における非営利組織の働きを記してきたが、多くの非営利組織はto Haveを超えた内面の豊かさをミッションとして掲げている。人間とは正しくhuman beingであり、to Beは生き方に関わる根幹の問いである。先に触れた淀川キリスト教病院のミッション「全人医療」は、末期のがん患者の命を一日でも長く保つということより、その方らしく安心して旅立っていただくこと（to Beの重視）を志している。

フランスの作家サン＝テグジュペリが書いた『星の王子さま』（1962年）は今も大人にも子どもにも愛されている。この本のなかで、王子さまと出会ったキツネは、こんな言葉で王子に語りかけている。

「なに、何でもないことだよ。心で見なくちゃ、ものごとはよく見えないってことさ。かんじんなことは、目に見えないんだよ。」

われわれが見えなくなっている「かんじんなもの」にこそ、われわれは今思いをめぐらすことが求められている。

『それでも人生にイエスと言う』(1947年)

ヴィクトール・フランクルは、世界中で広く長く読まれてきた『夜と霧』(1947年)の著者であり、自らアウシュビッツ収容所に囚われた心理学者である。人間の極限の悪に晒された現実のなかで、地獄の体験を報告しつつ、人間としての前向きな可能性をも提示した。

想像を絶する現場に置かれつつ、心理学者としての冷徹な観察と、暖かい人間の心を持ち、極限の環境にもかかわらず「人生にイエスと言う」迫力と希望が記されている。

非情なナチスの親衛隊や労働監督、重労働と乏しい食事（最後は水のようなスープと小さなパンだけ）バラック小屋の、過酷で厳しい収容所であった。少しでも大きなパンを貰おうとすり寄る囚人の姿や盗みなど、人間の暗い現実もあった。容赦ない強制労働、殴打、弱まればガス室に送られる極限の環境であった。

奇跡的に生き延びたフランクルは供述する。

極限の状況にあってもすべては「ひとりひとりの人間にかかっている」と。生き延びたのは、身体の頑丈ではなく、生きる意味を持ち続けている人であったという。

「私は人生にまだなにを期待できるか」というのでなく、「人生は私になにを期待しているか」という姿勢を保ち、「まだこの世で自分がすべきことが残っている（使命）」「自分を待っている人がいる（愛）」という信念であったという。

「眼鏡まで、顔を殴られてめちゃくちゃになっても、ある日ベルトを一切れのパンと交換せざるをえなくなっても、自分なりの態

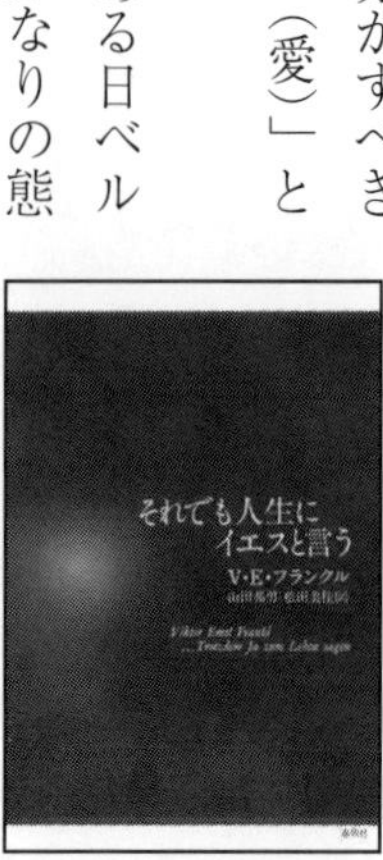

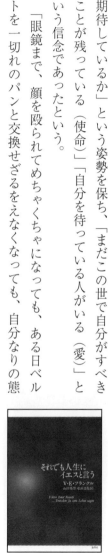

度を貫く自由は奪い取られることはなかった」と述べ、永遠に心を寄せる宗教的なものを心の支えとし、「生きるとは、問われていること、答えること、自分自身の一回だけの人生に責任をもつこと（使命）」と証言している。

　そして極限のなかから「愛」の現場を記す（『夜と霧』）。

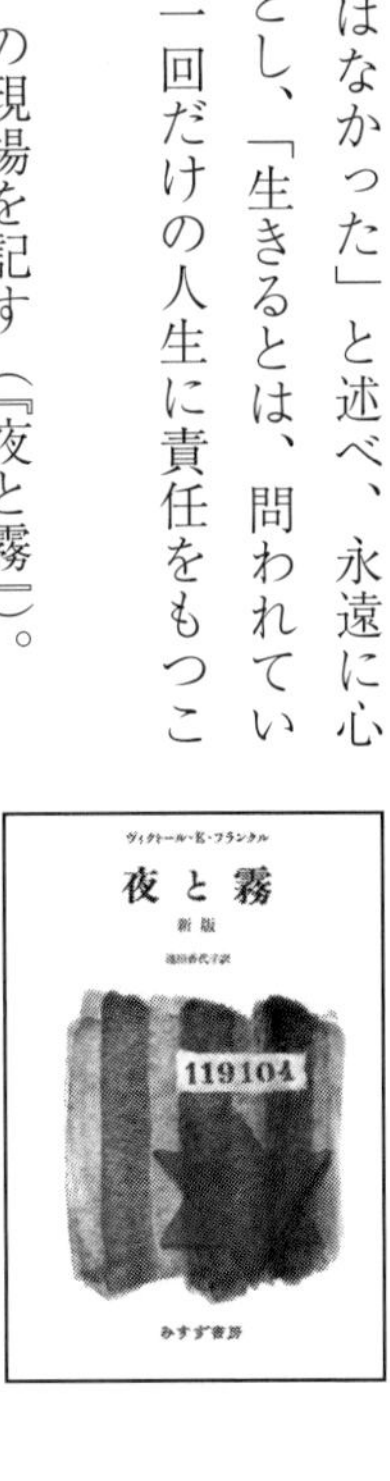

「命令が響きわたる。『ワイングート労働中隊！　並足！　進め！　左！　二！　三！　四！　左！　二！　三！　四！　最前列、横隊注意！　左！　左！　左！　脱帽！』その記憶は私の耳になおそれを響かせている。『脱帽』と命ぜられるのは、われわれが収容所の門を通る場合であった。探照灯の光がわれわれの上に向けられる、この時にピンとしっかりして五列になって行進しない者は長靴でひどく蹴られるのであった……。
　時々私は空を見上げた。そこでは星の光が薄れて暗い雲の後から朝焼けが始まっていた。そして私の精神は、それが以前の正常な生活では決して知らなかった驚くべき生き生きした想像の中でつくり上げた面影によって満たされていたのである。私は妻と語った。私は彼女が答えるのを聞き、

彼女が微笑するのを見る。私は彼女の励まし勇気づける眼差しを見る――そしてたとえそこにいなくても――彼女の眼差しは、今や昇りつつある太陽よりももっと私を照らすのであった」

極限の環境からなお、「人生にイエスと言う」凄さが感動を呼び続けている。

人生のタテ軸

信念と希望が人生を支えてきたことのアウシュビッツからの証言を紹介した。自らの信念を人生の「タテ軸」と呼ぼう。先に挙げた「自己実現」にも関わっていく。

マズローは、歴史上の有名人で自己実現をしたと認められる基準を決め、さらにそれに当てはまると認められる人々（無名層）を加えて研究した結果、それぞれの文化や環境が異なっているにもかかわらず類似が多いことを見出した。彼らが真に大切にしている価値は、自由・愛・正義・美といったものであった。

それを自らの価値・哲学として選択し、実践しているかどうかが重要であるという。

自己実現とは、文字通り、自己を実現することであり、その自己とは世界に二人といない自己である。自分の信念をもち、小さくても狭くても他人の評価を得なくても、自分の許された環境のなかでそれを実践していく歩みである。

人生のヨコ軸

誰でも一人では生きていけない。家族や社会の中で生きている。その現場をヨコ軸と呼ぼう。いわば、タテ軸を実践する現場である。仕事生活・家庭生活・社会生活（ＮＰＯやサークル参加など）・個人生活（趣味を楽しむなど）がヨコ軸の内容である。

仕事をリタイアしたとすれば、その他の生活領域に比重がかかるかもしれない。その比重はそれぞれの判断であってタ

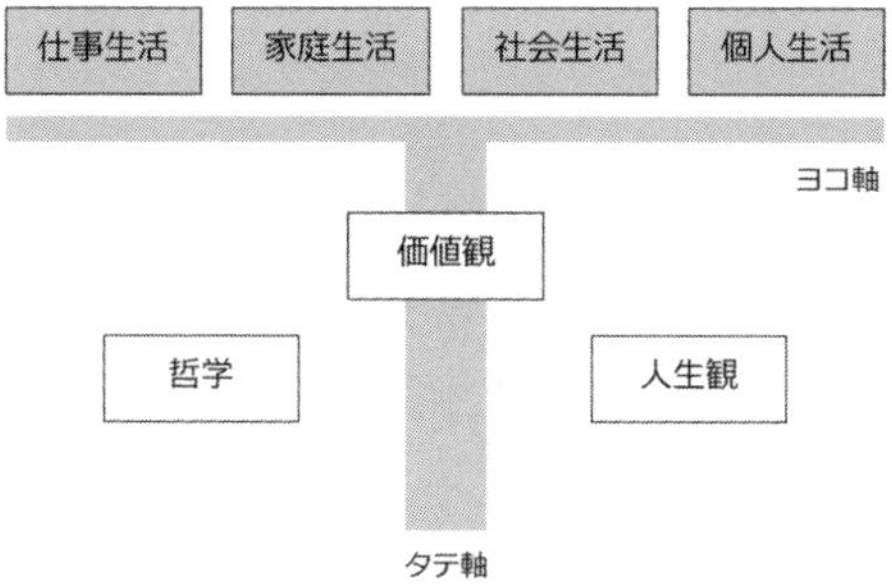

テ軸からの考え方にも依存するであろう。たとえ多忙な仕事生活に比重があったとしても、一般的に言えば多面的な生活領域で見聞と交流を深めることが有効と思われる。仕事をリタイアした後も、「サンデー毎日」ではつまらない。ゆとりの時間ができた、自らの信念を実現する機会が増えてきた、という前向きの気持ちをもって、自らのタテ軸を実現すべくヨコ軸の充実を期待したい。

創業経営者の事例

企業にしても創業には多くのリスクが伴い、生半可な気持では成功しない。稲盛和夫は京セラを創業し、ＫＤＤＩやＪＡＬに貢献したわが国の代表的経営者である。

稲盛は決して恵まれたスタートではなかった。結核を患い、大学受験も第一志望はダメ、オンボロ会社に入り給料の遅配も当たり前、好きな研究に取り組むリスク覚悟の転身を実行した。27歳で京セラ創業、動機が善であって努力を重ねれば、平凡は非凡に変わるという信念があった。

人生をよりよく、豊かに生きるためには

人生・仕事の結果＝考え方×熱意×能力

の方程式が成り立つとしている。このうち「考え方」がもっとも重要で、これが人生を決める。考え方とは人生観、価値観（タテ軸）であり、これがなければ「灯火もなしに暗い夜道を進むようなもの」であると説いている。

稲盛は65歳のとき念願としていた仏門に入り得度している。托鉢の修行のとき、身なりの貧しい婦人がそっと500円玉を頭陀袋に入れてくれた感動を記している。その前には、事業の成功、財産、名誉はいかほどのものでもない、と言い切っている。

「稲盛財団」をつくり、社会からいただいたお金（と彼はいう）で社会にお返しすべく、若手経営者を育成する「盛和塾」にも熱意を注いできた。

小倉昌男は宅急便クロネコヤマトを創始した。個人から個人へ配送する宅急便を立ち上げた。予測不可能な利用、大きな資金投下、役員を含め大方が反対する宅急便を、「家庭の主婦が必ず支持してくれる」と信じての行動であった。

運輸省（現国土交通省）と衝突、権限の強い「お上」に対してすり寄る体質があるなかで、権力を笠に着る官僚を侍に見立て、「二本差し（侍）が怖くて、おでんが食えるか」と江戸町人の心意気を発揮した。

初日取り扱いはわずか11個であったという宅急便事業は、今や業界合わせて50億個を超す事業となり、宅急便無しには考えられない日常になった。「ダントツサービス」「サービス第一、利益はついてくる」、必ず社会に貢献できるという信念による経営であった。

入社直後結核で闘病生活、駆け落ちを誓った恋人にも去られた。絶望の淵で信仰に目覚め、クリスチャンとなった。人のためにと高い目標に挑み続けるロマンチストだった、と日本経済新聞は報じた。一線からリタイアした後、ヤマト福祉財団を創設、真心と思いやりを大切に障がい者の福祉にも尽力した（スワンベーカリーの項参照）。

稲盛、小倉には多くの共通点を見ることができる。人間を超えた存在の確信と、そこから得られる人生観（タテ軸）、経営に実践する強い意思とである。稲盛のいう人生方程式をしっかりと生きた歩みであった。

星野富弘の場合

星野は24歳中学体育教員のとき、指導中の鉄棒で墜落し手足の自由を失った。口に筆をくわえて文章や絵をかき始めた。雑誌や新聞に詩画作品を掲載、生まれた場所に村立星野美術館が開館されるなど、苦難を克服していく様や、その作品が評判を呼んだ。

入院中にキリスト教の洗礼を受け、前向きの気持ちと人生へのしたたかさが感動を与えてきた。「生きているから」と題する次のような詩が絵画を添えて遺されている。

痛みを感じるのは　生きているから
悩みがあるのは　生きているから
傷つくのは　生きているから
私は今　かなり生きているぞ

人生のハーフタイム

ドラッカーを師と仰ぎ、全米有数のＣＡＴＶ企業を立ち上げ成功させたボブ・ビュフォードは自著『ハーフタイム』（２０２４年）において、人生における「成功」（お金や名誉など）に重心を置く人生の前半に対して、ハーフタイムを過ぎた人生の後半においては「意義」に重心を置くことが人生における幸せなのだという。

それは、前半の経験や知見、技量も活かしながら真に「意義」を感じられる自らのミッションを構築し、それに沿って歩むことを勧めるのである。「成功」から「意義」へ人生をシフトすること、人生のタテ軸を立て、現実の歩み（ヨコ軸）のなかで「意義」を実践していくという筆者の思いと重なり合う。ピーター・ドラッカー、ジム・コリンズ、スティーブン・コヴィーなど、哲学ある著名リーダーの推薦を受け、全米で75万部のベストセラーになっているという。

ハーフタイムを常識的にみれば、40から50歳なのかもしれないが（私は自分史で記したように50歳で転身）、いくつになっても、逆に若くても「意義」を重視する姿勢は誰の人生にとっても心すべきであると教えられる。

隣人と共に生きる

ユダヤ教律法学者ラビ・ヒレルの言葉に次のようなものがある。

もし私が、私のために存在しているのでないとすれば、
だれが私のために存在するのであろうか。
もし私が、ただ私のために存在するのであれば、
私とはなにものであろうか。

まず「私」がタテ軸をもった主体として問われる。同時に私たちは、決して一人では生きることはできない。家族・友人を含む隣人との関りのなかで生きている。「私」が隣人と愛とつながりのある歩みを為すヨコ軸のあり方が問われている。

それは、権力や秀でた能力、経済力ではなく、誰にでも可能な歩みであると、『後世への最大遺物』を著した明治の先覚者内村鑑三は言う。

後世へ遺す第一番に大切なものに「金」がある。金は大切である。さまざまな可能性を提供してくれる。しかし、金は使い方が重要であって、立派な家を建てたとしても、それだけでは社会や人のためになるものではない。金を遺された人によって活かされる場合もあるが、不幸になる場合もある。そこで金より重要な遺物は「事業」である。それも事業の内容が重要であって、大きな事業をなせばよいというものではない。次に考えられる遺物は「思想」である。思想や文学は後世への遺物であるけれども、よいものもそうでないものもあり、極めて限られた遺物である。

金も、事業も、思想も、場合によってはよい遺物ではあるが、内容によってはそうとはいえない。しかも、これらは誰にでも遺せるものではない。むしろ限られた人だけが遺せるものである。誰にでも遺すことができ、しかも大切な遺物とは何か。これこそ「勇ましい高尚なる人生」である。失望する状況にあっても、（神による）希望を信じ、いつも前向きに歩む人生こそ、「後世への最大遺物」である。

社会の片隅にある小さな歩みであったとしても、温かさや感動をもたらす人生は残された人々へのかけがえのない最大の贈り物である、というのである。

宗教からのインパクト

日本総合研究所会長・多摩大学学長を務める寺島実郎は『人間と宗教』（2021年）を著し、戦後日本が築いた、経済最優先の「宗教なき社会」について問いかけている。

寺島は「私自身は宗教者ではない。ビジネスと科学の世界を生きてきた人間である」と冒頭にことわりながら、経済の復興・成長を最優先し、今やそのバベルの塔が脆く崩れ去った状況の中で、日本人の心の基軸再構築が求められているとしている。

ＮＨＫ調査による統計によれば、日本人の「信仰する宗教なし」は62％に上り、世界でも目立つ宗教離れの国であるという（ただし、文化庁統計では神道、仏教を中心に信仰者だけで人口の1・5倍に当たる1億8千万人となっている）。「千の風になって」が流行るように、日本人に信仰心が特別無いわけではないと思われる。ただ、「私」による主体的信念による宗教心に欠けていて、正月には初詣で神社へ行き、結婚式はキリスト教、葬儀は仏教といった現実となっている。そして神社は氏子、仏教は檀家を信徒として数え、人口数を超える文化庁統計になっていると推定される。ここでも「タテ軸」に欠ける日本人の特性が垣間見られる。

寺島によれば、戦後における宗教の希薄を三つの要因で説明できるという。①戦前の全体主義が、天皇と神社結合に基づく「神国日本」を主導したことへの反動、②経済繁栄を最優先する過度な経済主義、③社会主義の幻想のもたらした「宗教よりもイデオロギー」重視である。

しかしながら、ホントウの生き方を満たすためには、寺島も指摘するように、宗教の重要性に注目しなければならない。死など生命の危険に直面したとき、人間の心は不安と恐怖に揺らぐ。がん患者をお世話するホスピスでの調査や新型コロナの発生はそれを裏付けている。

冷静に対応できる心の耐久性としても宗教が存在している。寺島は、宗教と政治との不当な結合に注意しつつ、日本人に宿る宗教への吸収力と適応力を日本人は有しているとし、「特定の宗教に帰依するに至らない自分だが、自分の個を超えた大きな眼差しが自分を見つめているという気配を感じる」という言葉をもって著書を締めくくっている。

「タテ軸」としての宗教

宗教はカルトなどの衝撃もあり、広く受容されているとはいえない。しかし本来、宗教は不安や恐怖への心備えというよりは、積極的な生きざま、ミッションの発見と推進、すなわち自らのタテ軸の柱に関わるものである。

わが国では人口の１％といわれるクリスチャンであるが、タテ軸としての生きざまがから教えられるところが多い。文化人として内村鑑三、お札にもなった新渡戸稲造や津田梅子、新島襄、医師の日野原重明、岩村昇、中村哲、企業経営者の森永太一郎（森永乳業）、五十嵐健治（白洋舎）、小林富次郎（ライオン）、井深大（ソニー）、小倉昌男（ヤマト運輸）など、困難ななかからタテ軸を揺らさず歩む事例が多く見渡せる。

仏教界でも、空海・最澄・親鸞・日蓮などの古い高僧はもちろん、鈴木大拙は世界に仏教を広め、文化人として五木寛之も知られている。企業経営者では先に挙げた稲盛和夫（京セラ）も影響力が大きかった。


宗教に根ざした非営利組織も多く宗教者によって設立されている。

キリスト教主義大学では、上智大学、立教大学、東京女子大学、国際基督教大学、同志社大学、関西学院大学、神戸女学院大学、西南学院大学など数多く、福祉や病院、国際協力の分野でも幅広い。

仏教主義大学では、駒沢大学、大正大学、龍谷大学、仏教大学、高野山大学などが存在し、多様な非営利組織でも活動を行っている。


個人であれ、組織であれ、ミッション（タテ軸）に基づく有名どころを挙げたが、内村が言うように、フツウの個人や非営利組織、目立たない個人や組織も「高尚な」人生や活動に参与している。まさに、誰もが生きざまとして選べる道である。

「生涯現役」からの勧め

ここまで、第1章自分史から始め、第2章経済や政治について大括りの理解を提示し、第3章では信念を内容とするタテ軸の必要性を、非営利組織のミッションに基づく事例にも学びながら記述してきた。読者の皆さまにどのように映ったであろうか。85歳になる経験と研究、そして実践を通して私の思いをお届けしてきた。

多様な側面、そして宗教などなじみが少ない領域にまで及んで書き進んできた。何か学べたこと、刺激になったことがあれば著者としてはうれしい限りである。そのような気づきがあれば、ぜひ臆さず直ぐに実践に移してほしい。誰にとっても大切な人生は一回限り、時を置かず始めてみたい。

ドラッカー『非営利組織の経営』の終わりのメッセージもこうである。

「そこで、私はあなたが、自分自身に対し、こう問いかけることをお願いして、本書を閉じる。この本を読んだ結果として、明日、あなたは何をするか。そして、何をやめるか」と。

ラビ・ヒレルも先のメッセージにこう付け加える。

「そして、もし私が今しなければ、いつするのだろうか」と。

85歳の自分も、本著の記述を通して自ら学び直し刺戟を与えられた。自分もタテ軸を確認し、残された人生をしっかり生きようと。初々しく「今日こそは残りの人生最初の日」と心得、与えられたヨコ軸の現場で歩んでいきたいと心を新たにしたい。

第3章まとめ

第2章では、経済と行政の領域に触れ、その概要とこれからについて記述してきた。第3章では、社会におけるもう一つの働きである非営利組織について記述し、モノや権限を超えた世界を描こうとしてきた。それは価値観、人生観、ミッション、そして人間同士のつながりを目指す組織であった。すなわち、to Have ではなく to Be にその軸足を置く重要な組織なのである。

非営利組織の事例として、グローバルな活動を展開しているＹＭＣＡを紹介、加え内外の身近な非営利組織の事例を紹介した。まさに、しっかりとした価値観を据え、経済や政治の利害を超えて活動する働きである。

非営利組織の働きは、そのまま個人の生き方につながっていく。流されやすい日本人の特性を離れ、自らの価値観（タテ軸）をしっかりと据え、人生の現場である生活（ヨコ軸）を歩んでいくことである。

その事例として、稲盛和夫や小倉昌男を取り上げ、並外れた苦難に襲われた状況（ヨコ軸）にもかかわらず、信念（タテ軸）をしっかりと貫徹した歩みを紹介した。人間は困難や苦労に立ち向かうよりは、理由をつけて責任を回避する弱さをもっているものであるが、自分の現実のなかで大切なものをいたずらに見失わない事例を示そうとした。

本文でも取り上げたマルティン・ブーバーは to Have の限界に及び、次の言葉を遺している。

人は「それ」なくしては生きることを得ず、
されど「それ」によって生きるものは真の人間にあらざるなり
（『孤独と愛』１９２３年）

誰にでも平等に人生は1回限りである。それぞれに与えられた環境や能力にもかかわらず、それぞれのなかで人生を充実していく歩みを選び取りたい。それが、内村鑑三の言う、誰にでも心すれば可能な「高尚なる人生」になると考えるのである。

著者紹介

島田　恒

しまだ・ひさし　1939 年兵庫県生まれ。神戸大学経済学部卒業。株式会社クラレに入社して営業部長。退社してコンサル業設立。龍谷大学経営学部教授、関西学院大学神学部客員講師として教鞭をとる。経営学博士。日本 YMCA 同盟、日本キリスト教海外医療協力会、ホスピス財団など非営利組織役員を歴任。著書に『日本的経営の再出発』（同友館）『非営利組織研究』（文真堂）、『NPO という生き方』（PHP 新書）、『働き盛りの NPO －ドラッカーに学ぶ真の豊かさ』（東洋経済新報社）ほか多数。共著に『教会のマネジメント』（キリスト新聞社）。

装丁：吉林 優

生涯現役が贈る人生の道標

企業・コンサル・大学・NPO の現場を生きた 85 歳

2025 年 3 月 20 日　第 1 版第 1 刷発行

著　者　島　田　　恒

発行所　株式会社　キリスト新聞社

〒112-0014　東京都文京区関口1-44-4　電話03（5579）2432
URL. http://www.kirishin.com
E-Mail. support@kirishin.com

印刷　光陽メディア

ISBN978-4-87395-846-0　C0034（日キ販）